UNIVERSITÉ DE TOULOUSE — FACULTÉ DE DROIT

FAUX PASSEPORTS
FAUX PERMIS DE CHASSE
ET
FAUX ASSIMILÉS

THÈSE POUR LE DOCTORAT

PRÉSENTÉE PAR

M. Louis MÉROC

AVOCAT STAGIAIRE A LA COUR D'APPEL
ATTACHÉ AU PARQUET GÉNÉRAL

Président : **M. MAGNOL**

TOULOUSE
IMPRIMERIE RÉGIONALE
59, Rue Bayard, 59

1930

FAUX PASSEPORTS
FAUX PERMIS DE CHASSE

TE

FAUX ASSIMILÉS

UNIVERSITÉ DE TOULOUSE — FACULTÉ DE DROIT

FAUX PASSEPORTS FAUX PERMIS DE CHASSE ET FAUX ASSIMILÉS

THÈSE POUR LE DOCTORAT

PRÉSENTÉE PAR

M. Louis MÉROC

AVOCAT STAGIAIRE A LA COUR D'APPEL
ATTACHÉ AU PARQUET GÉNÉRAL

Président : M. MAGNOL

TOULOUSE
IMPRIMERIE RÉGIONALE
59, Rue Bayard, 59

1930

FACULTÉ DE DROIT DE TOULOUSE

PRÉSIDENT DE LA THÈSE : M. MAGNOL.

SUFFRAGANTS { M. THOMAS.
M. GABOLDE.

La Faculté n'entend approuver ni désapprouver les opinions particulières du candidat.

INTRODUCTION

« *Falsitas est veritatis mutatio dolose et in alterius proejudicium facta* », *telle est la définition du faux, donnée par un de nos plus anciens criminalistes*[1].

Et la Cour de cassation a donné une excellente traduction de cette formule dans un arrêt : « *L'altération de la vérité dans une intention criminelle qui a porté ou pu porter préjudice à des tiers*[2] », *traduction qu'elle a complétée dans divers arrêts postérieurs d'où il résulte qu'il y a faux en écriture : toutes les fois que la vérité est altérée dans un écrit, sur des points où cet écrit est apte à faire la preuve, que cette altération est susceptible de nuire, qu'elle est commise avec intention, c'est-à-dire en connaissance de cause.*

De tout temps[3], *et en tous pays, le crime de faux est apparu comme l'un des plus redoutables, tant par la multiplicité des formes qu'il revêt que par la diversité des intérêts auxquels il porte atteinte. Tous les législateurs*

1. Farinacius, quest. 150, nos 1, 2 et 3.
2. Cass., 17 juil. 1835. *Journ. Droit Crim.*, 1835, p. 360.
3. A Rome, *lex Cornelia de Falsis*, dig. et études de Paul sur la question ; en France, *Ord.* mars 1531, 24 mars 1680, 10 août 1699, 4 mai 1720, 30 juil. 1730, 22 sept. 1733, juin 1768.

ont puni ce crime des peines les plus sévères, n'édictant parfois rien moins que la peine capitale[1].

Et notre Code pénal l'a frappé de peines sévères, qui sont : les travaux forcés à perpétuité, contre le fonctionnaire public qui commet un faux en écriture publique; les travaux forcés à temps, contre le particulier qui a commis le même crime ou un faux en écriture de commerce ou de banque; la réclusion, enfin, contre l'auteur d'un faux en écriture privée.

Mais, s'il est juste et bon de frapper durement les auteurs de crime, dangereux pour l'ordre social, il ne doit pas en être de même, dans une bonne législation, pour des faits qui ne causent qu'un préjudice médiocre et ne dénotent, chez leur auteur, une sérieuse perversité.

Et le législateur de 1810 a fort bien compris que n'étaient pas également coupables les auteurs des diverses sortes de faux.

Il est, en effet, beaucoup de gens qui déguisent, momentanément ou de façon permanente, leur identité véritable. Ils peuvent être déterminés par les mobiles les plus différents : celui-ci s'abrite sous un pseudonyme discret pour dissimuler quelque fugue, celui-là arbore des noms et des titres pompeux pour se ménager du crédit, le grand personnage voyage incognito pour se soustraire à l'importunité des curieux, et le malfaiteur songe à faire peau neuve pour se dérober aux investigations de la police; mais tous, s'ils veulent soutenir leur rôle jusqu'au

1. Edit de Louis XV rendu en 1680, précité.

bout, seront également gênés par la nécessité de produire des pièces justificatives et obligés d'avoir recours à la fraude pour mettre leurs titres d'accord avec leurs prétentions.

Tantôt, ils feront établir des pièces d'identité sous un nom supposé, s'ils réussissent à tromper ou à corrompre les fonctionnaires préposés à la délivrance de ces pièces.

Tantôt, ils fabriqueront eux-mêmes le document qu'on leur aura refusé ou, après s'être fait remettre une pièce régulière, y substitueront des énonciations mensongères aux énonciations véritables.

Tantôt, enfin, ils produiront comme leurs les papiers appartenant à des tiers, soit que la similitude ou l'imprécision du signalement permette cette supercherie, soit que des falsifications matérielles aient été commises pour la rendre possible.

Et ce même législateur a admis que toute cette catégorie de faux devait échapper aux règles du grand criminel, à raison de son peu d'importance au moins relative. « Ce serait blesser la justice, disait M. Berlier dans l'exposé des motifs, que d'assimiler la contrefaçon d'un passeport à celle d'une lettre de change[1] ».

Cette indulgence n'est pas sans motif. Le faux est excusé par son mobile : il ne procède ni de la perversité ni de la cupidité, mais bien, tout simplement, de cet instinct de conservation qui est naturel à l'individu, et qui le porte, quand il se sent susceptible d'être recherché et inquiété, à se dissimuler et à déjouer les mesures de

1. LOCRÉ, *Législation de la France*, t. XXX, p. 240.

surveillance. Les rédacteurs du code avaient vécu des temps troublés et pouvaient savoir, par des exemples encore présents à leur mémoire, personnels peut-être, qu'il est parfois permis de se cacher.

Il y avait aussi ce fait que les fraudes peuvent être empêchées ou déjouées par quelques mesures de police bien simples, surtout aujourd'hui[1], *de sorte qu'il n'est pas besoin de la menace de peines exemplaires pour en enrayer le développement.*

De ces idées naquirent les articles 153, 154 et 155, qui, pour ne punir les fraudes dans les passeports que de peines correctionnelles, ne les en laissent pas moins dans la catégorie des faux.

De plus, les motifs de ces réformes successives ont été lumineusement exposés dans les travaux préparatoires de la loi de 1863, qui assimile le faux dans les permis de chasse au faux dans les passeports : « Dans l'état actuel, faute de disposition spéciale, le faux commis dans un permis de chasse a été poursuivi comme un faux en écriture publique; poursuivi, jamais condamné, l'excès de la peine procurait l'impunité : assimilé au faux dans les passeports, et rangé parmi les délits, il est classé plus justement, ce qui rend la répression possible[2]. »

En effet, une loi qui frappe d'une même peine des faits de gravités toutes différentes est une loi mal faite, et quand la loi entre en conflit avec la conscience publique,

1. Toute fraude dans le passeport est maintenant rendue plus difficile par l'exigence de la photographie, et l'on pourrait l'empêcher radicalement à l'aide des empreintes digitales.
2. Cité par CHAUVEAU et HÉLIE, *op. cit.*, p. 497, nº 739.

elle ne saurait prétendre avoir longtemps le dernier mot. Le jury, auquel ces faits de peu d'importance sont soumis, acquitte, ne voulant appliquer une pénalité qu'il juge trop sévère. Et lorsque les acquittements deviennent systématiques, force est de « correctionnaliser » : « Depuis un siècle, les efforts du législateur et de la pratique judiciaire ont tendu à éviter les verdicts d'acquittement que le jury préférait prononcer plutôt que de condamner à un châtiment en disproportion avec la responsabilité encourue[1]. »

La correctionnalisation peut donc être l'œuvre soit du juge, soit du législateur. Dans le premier cas, le magistrat du Ministère public, en présence d'un fait déterminé, au lieu de rechercher la peine qui le réprime et de fixer ensuite la compétence, analyse la responsabilité de l'auteur, son degré de culpabilité, estime qu'il mérite telle peine et, si cette peine n'est que correctionnelle, alors même que l'infraction est un crime, il saisit la juridiction correctionnelle. Le plus souvent, les circonstances aggravantes, qui font passer une infraction de la classe des délits dans celle des crimes, sont tenues pour ignorées et l'infraction est déférée aux juges correctionnels[2].

Le but poursuivi par le juge est louable. Il a raison de chercher un remède à une situation déplorable. Mais que vaut ce remède? D'une part, il apparaît comme illégal. D'autre part, il est essentiellement précaire; le Ministère public ayant dans chaque cas particulier la liberté d'y

1. SIGNOREL, *op. cit.*, p. 152.
2. *Ibid.*, p. 154.

recourir ou pas; le tribunal et l'inculpé disposant de la faculté de s'y soustraire.

Toutefois, en correctionnalisant, les juges avertissent le législateur : ils lui indiquent que la loi est imparfaite, qu'elle manque son but, et que, pour qu'elle l'atteigne, ils la doivent modifier en remédiant à son imperfection. Ils lui montrent encore que l'opinion publique désapprouve certaines peines, et que le jury, émanation du peuple, se refuse à les appliquer lorsqu'on lui demande de le faire, au point que l'on renonce même à le lui demander. Et, malheureusement, le plus souvent, le législateur reste sourd à cet avertissement.

Exceptionnellement, en matière de faux, la correctionnalisation a souvent été impossible. Bien souvent, les magistrats, ne trouvant de délit dont ils puissent donner le nom au crime qu'ils eussent voulu dépouiller du sien, ont été contraints de laisser suivre à l'affaire son cours normal. D'où, des acquittements scandaleux. Le vice de la loi apparaissait dès lors à tous les yeux, et force était au législateur d'intervenir et de mettre la loi en rapport avec la conception que son siècle se faisait de la justice.

Et tout le XIXe siècle a vu cette tendance à la correctionnalisation s'accentuer, et la liste s'allonger des faux placés par des lois spéciales dans le domaine d'application de ces articles.

C'est d'abord la loi du 22 juin 1854 (abrogée le 2 juillet 1890) qui réprime le faux dans les livrets d'ouvriers. Les permis de chasse, par la loi du 13 mai 1863, sont rangés dans la même catégorie. Ce sont, enfin, les contrats d'émigration (par le décret du 15 janvier 1855) et les livrets des libérés des travaux forcés à temps (par le décret du 31 décembre 1902) qui terminent la liste.

D'autre part, la loi du 13 mai 1863 a étendu la correctionnalisation et abaissé la pénalité.

Ce n'est pas seulement notre législation qui obéit à cette tendance. La plupart des législations étrangères agissent de même. Ce sont : le Code pénal autrichien *(art. 202), qui punit de six mois à un an de prison le faux dans le passeport;* le Code pénal belge *(art. 198), qui prévoit un emprisonnement de un mois à un an pour le même délit que le* Code pénal italien *(art. 287) punit de un mois à dix-huit mois de réclusion, et contre lequel le* Code pénal hollandais *(art. 230) édicte un emprisonnement de deux ans au plus. Enfin, le* Code pénal espagnol de 1928 *punit ces mêmes faux de peines correctionnelles, dans ses articles 374 et 375. Il prévoit : 1° Contre le fonctionnaire qui a délivré un faux passeport, une peine de un an à quatre ans de réclusion*[1] *et l'interdiction spéciale de charge publique pour une durée de deux à six ans (art. 374); 2° Contre le particulier qui falsifie un passeport, une peine de un mois à deux ans de réclusion, plus une amende de 1.000 à 1.500 pesetas (art. 375).*

Mais, bien que les textes soient relativement nombreux dans notre législation, leur application n'en soulève pas moins une grave difficulté : les articles 153, 154 et 155,

1. La peine de réclusion, en Espagne, est l'équivalent de notre emprisonnement correctionnel.

textes de base en la matière, visent l'hypothèse du passeport. Or, nous le verrons au cours de notre étude, cette pièce est tombée en désuétude, du moins comme pièce d'identité à l'intérieur du pays, ce qui était son rôle le plus fréquent en 1820, et, par suite, les articles étudiés n'auraient plus de raisons d'être s'ils n'apparaissaient comme pouvant atteindre les substituts du passeport, c'est-à-dire toutes les pièces qui ont pris sa place dans la vie moderne. Et l'étude de cette extension possible, la plus vivante de notre sujet, car d'actualité pratique quotidienne, retiendra particulièrement notre attention.

C'est ainsi que nous diviserons notre étude de la façon suivante :

Nous verrons, d'abord rapidement, l'historique de la question, son éclosion, puis son extension. Nous établirons ensuite qu'elle est aujourd'hui la sphère d'application des articles 153, 154 et 155; après avoir recherché les pièces auxquelles ils s'appliquent et celles auxquelles il serait désirable que la jurisprudence les appliquât, nous étudierons les éléments constitutifs du délit et les délits voisins, pour terminer par les pénalités applicables aux divers délits envisagés.

Il importe toutefois, avant d'aborder l'étude que nous envisageons, de la bien situer et de l'éclairer par quelques remarques.

Tout d'abord, bien que punis de peines correctionnelles, les faux, commis dans les passeports et permis de chasse, n'en restent pas moins des faux, et le délit n'existe que par la réunion des éléments essentiels de ce genre d'incrimination, qui sont, cela résulte de la définition même que nous avons donnée du faux : l'altération de la vérité, le préjudice et l'intention frauduleuse.

Et l'article 152, qui annonce les exceptions aux règles établies par les articles précédents pour le faux criminel, nous dit : « Sont exceptés des dispositions ci-dessus, les faux certificats de l'espèce dont il sera parlé ci-après. »

D'une part, cet article a soin de relever le caractère exceptionnel de la législation sur les titres dont il va être question. D'autre part, cet article embrasse dans le mot « certificats », largement entendu, aussi bien les passeports et permis de chasse, que les feuilles de route et que les certificats proprement dits.

Aussi, aurait-on tort de restreindre, comme le font certains auteurs[1]*, aux seuls articles 159, 160, 161, la portée de l'article 162, qui, placé à la fin de l'énumération des divers faux correctionnalisés, dit : « Les faux certificats de toute autre nature, et d'où il pourrait résulter soit lésion envers des tiers, soit préjudice envers le Trésor public, seront punis, selon qu'il y aura lieu, d'après les dispositions des paragraphes 3 et 4 de la présente section », c'est-à-dire d'après les règles du faux criminel. Cet article, de par la place qu'il occupe, vise les « certificats », non dans le sens particulier et étroit des articles 159, 160, 161, mais dans le sens général de l'article 152. Nous pourrons, par suite, appliquer aux faux dans les passeports et permis de chasse, les deux règles*

1. Garraud, *op. cit.*, p. 462, n° 1465. — Garçon, *op. cit.*, art. 159 à 163, A. — Blanche, *op. cit.*, p. 609, n°s 321 et suiv.

que l'on peut dégager de cet article, et qui sont les suivantes :

Tous les « certificats », qui ne rentrent pas dans une des catégories punies par le Code pénal de peines correctionnelles, doivent être considérés comme des faux ordinaires; les articles 145 et suivants sont applicables et la peine sera celle des travaux forcés à perpétuité ou à temps, ou de la réclusion.

D'un autre côté, les faux « certificats », expressément prévus par la loi, sont soustraits par elle, d'une manière absolue, aux règles ordinaires des faux et ne tombent jamais sous le coup des articles 145 et suivants. L'article 162, en effet, ne déclare les peines ordinaires applicables qu'aux autres faux commis dans les « certificats » de toute autre nature. En d'autres termes, toutes les fois qu'il s'agit de qualifier un faux certificat, on doit d'abord rechercher quelle est sa nature. Lorsqu'il est de la nature de ceux prévus par les articles 153 à 162, on ne recourra jamais aux articles 145 et suivants; et, si ces dispositions exceptionnelles ne sont pas applicables, il n'y a ni crime ni délit. Lorsqu'au contraire le certificat, argué de faux, est d'une autre nature, ce sont les règles ordinaires des articles 145 et suivants qui doivent être appliquées.

PREMIÈRE PARTIE

HISTORIQUE

CHAPITRE PREMIER

Le passeport.

SECTION I

Généralités. — Historique.

« Le passeport est, d'après l'Académie, l'ordre par « écrit donné par le souverain, ou en son nom, pour la « liberté ou la sûreté du passage des personnes, des « hardes, des marchandises. »

Cette définition est exacte dans sa généralité, car bien que le mot passeport, dans son sens usuel, s'applique plus particulièrement aux personnes, il sert aussi à désigner le congé délivré par l'Administration des douanes aux navires de commerce.

Dans son acception restreinte, le passeport est l'acte délivré par l'autorité administrative, qui, en attestant la qualité du porteur et sa destination de voyage, certifie implicitement qu'au moment où il a quitté sa résidence habituelle, il n'était prévenu d'aucun crime ou délit susceptible de compromettre sa liberté.

Ainsi compris, le passeport n'était exigé, en France, sous l'ancienne monarchie, que de quelques catégories d'individus : ouvriers allant de Paris en province pour y chercher du travail, voyageurs se rendant en Barbarie et dans les échelles du Levant, ou voulant exporter ou importer certaines marchandises[1].

La Constitution du 3 septembre 1791 abolit l'usage des passeports.

Mais le décret du 1er février 1792[2] le généralisa, et, supprimé à nouveau, tant à l'intérieur qu'à l'extérieur, par les décrets des 28 juillet, 8 et 19 septembre 1792, il fut rétabli par le décret du 26 février 1793. La matière est aujourd'hui régie par le décret du 10 vendémiaire an IV, les lois des 17 ventôse an IV et 28 vendémiaire an VI, l'arrêté du 19 vendémiaire an VIII, les décrets des 18 septembre 1807 et 11 juillet 1810, la loi du 16 juin 1888, le décret du 11 avril 1890.

Aux termes de l'article 1er du titre III du décret du 10 vendémiaire an IV, nul, en France, ne peut quitter le territoire de son canton, ni voyager, sans être porteur d'un passeport, que tout agent de la force publique a le droit de se faire représenter, et, aux termes de l'article 1er

1. Rep. Général alphab. du *Droit Français*, v. Passeport, n° 2. Les Romains devaient aussi faire usage du passeport ou de titres analogues et en punir les falsificateurs, car on lit au *Digeste* : « Qui falso diplomo vias commeavit, pro admissi qualitate gravissime puniendus est. » *Dig. de Lege Cornelia de falsis*, 27, § 22 (voir Garraud, 3e éd., t. IV, p. 247, n° 5).

2. *S.*, 1er volume des lois annotées, p. 180.

3. *Ibid.*, p. 385.

de l'arrêté du 19 vendémiaire an VII, il en peut être exigé un de quiconque passe dans les colonies.

D'après leur destination, les passeports se distinguent en passeports à l'intérieur et passeports pour l'étranger.

1° *Les passeports pour l'intérieur,* qui comprennent ceux pour l'Algérie et les colonies, sont délivrés : à Paris, et dans le ressort de la préfecture de police, par le préfet de police; dans les autres localités, par le maire. Il y faut rattacher le *passeport gratuit,* qui est remis principalement aux libérés, à leur sortie de prison, pour leur permettre de regagner leur résidence sans être inquiétés, et le *passeport avec secours de route,* souvent accompagné d'une réquisition de transport par chemin de fer, qui est accordé par le préfet et le ministre de l'Intérieur, tant aux libérés dénués de ressources qu'aux indigents éloignés de leur domicile ou de leur lieu de naissance et demandant à rejoindre l'un ou l'autre pour y trouver des moyens d'existence.

2° *Les passeports pour l'étranger* sont délivrés : à Paris, et dans le ressort de la préfecture de police, par le préfet de police; dans les autres départements, par les préfets et sous-préfets. Pour plusieurs des pays où ils sont encore exigés, ils doivent être visés, au départ, par les représentants diplomatiques ou les agents de ces pays, qui perçoivent, pour cette formalité, un droit. Ils le sont, à l'arrivée, par les consuls français.

Tous les passeports sont individuels; le mari, la femme et les enfants de 16 ans peuvent, toutefois, figurer sur un même passeport, mais non les domestiques. Chaque passeport, établi d'après un modèle uniforme, indique les noms, prénoms, âge, profession, pays de naissance, domicile et signalement du titulaire, ainsi que le lieu où il se rend; il porte sa photographie. Il est signé par lui et par l'autorité qui le délivre. Comme il certifie implicitement qu'au moment où il a quitté sa résidence, celui qui en est porteur n'était prévenu d'aucun crime ou délit susceptible de compromettre sa liberté, il n'est accordé, lorsque le requérant n'est pas personnellement connu, qu'avec l'assistance de deux témoins connus et domiciliés. On exige, en outre, pour un mineur ou une femme mariée, le consentement des parents, du tuteur, du mari; pour un comptable de deniers publics, une permission de ses chefs; pour un militaire en activité de service, ou en disponibilité, un congé du ministre de la Guerre. La durée de validité des passeports est d'un an. Leur prix est de 20 francs. Durant les années antérieures à 1910, à Paris, la préfecture de police a délivré, chaque année, 13.000 à 14.000 passeports, dont 8.000 à 9.000 passeports pour l'étranger, une douzaine de passeports pour l'intérieur, un millier de passeports gratuits, et 3.000 à 4.000 passeports avec secours de route.

Le voyageur, auquel le passeport est réclamé, est suspect quand il ne présente pas ce titre. Il doit être appréhendé au corps, conduit devant l'autorité municipale et interrogé. Si ses explications ne sont pas satisfaisantes, il doit être mis en état d'arrestation : on controverse seulement sur le point de savoir si l'administration peut toujours le retenir pendant deux décades, comme le porte un texte du 10 vendémiaire an IV, ou si elle doit le livrer immédiatement au procureur de la République, pour être statué ainsi qu'il appartiendra[1].

SECTION II

Répression des fraudes dans les passeports.

La législation antérieure au Code pénal de 1810 avait déjà rangé, dans une classe particulière, les faux commis dans les passeports, mais son système était incomplet et elle laissait la fabrication d'un faux passeport dans les termes de droit commun.

La loi des 1er février, 28 mars 1792, article 17, disposait : « Tout Français, qui prendra un nom supposé dans un passeport, sera renvoyé à la police correctionnelle, qui le condamnera à l'emprisonnement qui ne pourra être moindre de trois mois, ni excéder une année. »

La loi du 17 vendémiaire an IV étendait la même peine :

1° Aux administrateurs, chargés de la délivrance des passeports, qui contreviendraient à la défense, à eux faite, d'en donner aux personnes qu'ils ne connaissaient pas personnellement, à moins que ce ne fût sur l'attestation de deux citoyens connus;

1. GARRAUD, *op. cit.*, t. I, n° 28.

2° Aux témoins qui attestaient un nom supposé dans un passeport.

Aux termes de ces lois, l'obtention et la délivrance d'un passeport sous un faux nom et une fausse signature n'étaient point un crime de faux de la compétence des Cours spéciales, mais un délit[1].

Ces dispositions étaient évidemment incomplètes : elles étaient muettes sur la fabrication du faux passeport, l'usage de passeport fabriqué ou falsifié, et la complicité de l'officier public qui délivre cet acte sous un nom supposé. La Cour de cassation eut, dès lors, à apprécier, sous l'empire de cette législation, le caractère de ces divers délits et les pénalités dont ils étaient passibles. Elle décida que les lois des 1er février 1792 et 17 ventôse an IV étaient des lois exceptionnelles, qu'elles devaient être strictement renfermées dans leurs termes, et que les différentes altérations qu'elles n'avaient pas prévues rentraient dans la classe générale des faux en écriture prévus par le Code de 1791, et devaient encourir les peines fixées par le Code.

Par suite, la fabrication ou l'usage d'un faux passeport, ou les altérations commises dans les énonciations substantielles d'un passeport véritable, étaient considérées comme constituant le crime de faux de la compétence des Cours spéciales, quand ils pouvaient nuire à autrui ou déconcerter les mesures de haute police ou d'ordre public, par exemple, quand ils avaient pour objet de

1. Cass., 22 fl. an XII, aff. Thouré c/m. p.; 16 mess. an XII, aff. Cadas c/m. p.; du même jour, aff. Bonparent c/m. p.

soustraire l'individu à la surveillance de la haute police[1] ou aux lois sur la conscription militaire[2], ou de dérober un prévenu aux poursuites de la justice[3].

De même, si celui qui s'était fait délivrer un passeport sous un nom supposé et qui l'avait signé de ce nom, avait eu pour objet d'accréditer et de consolider un nom pris antérieurement dans un acte de l'état civil, il commettait non pas un simple délit correctionnel, mais un véritable crime de faux de la compétence des Cours spéciales[4].

Telle était la situation quand on rédigea le Code pénal. Le législateur de 1810 estima que rien ne justifiait une différence aussi considérable de traitement entre les deux catégories d'infractions, et, pour ramener le droit à l'unité, fit prévaloir la solution correctionnelle.

Il tint compte du mobile de l'acte, qui ne dénote pas chez son auteur une perversité bien profonde et ne procède guère que de l'instinct de conservation, qui porte l'individu, susceptible d'être recherché et inquiété, à se dissimuler, à déconcerter les mesures de police et de surveillance : « La fabrication d'un faux passeport, dit l'un des membres du Conseil d'État, toute répréhensible

1. Crim. cass., 14 août 1806, m. p. c/Marrès et Briasco (bul. n° 133) ; 26 mars 1807, m. p. c/Taffin (bul. n° 62).

2. Cass., 21 août 1806, m. p. c/Desmazes (bul. 136) ; 27 août 1807, m. p. c/Fraisse.

3. Crim. cass., 10 sept. 1807 (bul. 202), m. p. c/Corneillac ; 2 mars 1809, aff. Poussart, prétendus visas du maire de N... et du général M..., comm. la 15e division militaire, visa apposés par Poussart lui-même sur le passeport qui lui fut délivré à Rouen le 9 juin 1807.

4. Crim rej., 28 déc. 1809, aff. Franchoi.

qu'elle est, ne doit pas être traitée comme un faux qui préjudicie à autrui. » Et le Code pénal a élargi l'exception admise par le législateur de 1792 : elle comprend, dès lors, toutes les altérations dont un passeport peut être l'objet, toutes les falsifications qui peuvent en modifier la substance. Ainsi, celui qui fabrique un faux passeport, celui qui falsifie un passeport originairement véritable, celui qui fait usage d'un passeport fabriqué ou falsifié, ne sont punis que d'un simple emprisonnement. C'est un véritable faux, mais ce faux ne porte nul préjudice aux tiers, ou un préjudice infime; il n'a pour but que de déconcerter des mesures de police et de surveillance : une peine légère suffit à sa réparation.

Postérieurement, la loi du 13 mai 1863 a créé une incrimination nouvelle visant l'usage d'un passeport authentique, mais délivré à un autre que celui qui le présente. Et cette tendance à la correctionnalisation est allée s'accentuant durant tout le XIXe siècle, qui a vu s'allonger la liste des anciens crimes de faux, devenus simples délits.

CHAPITRE II

Les faux assimilés aux faux dans les passeports, postérieurement au Code pénal.

SECTION I

Le Permis de chasse.

Le permis de chasse est la seconde pièce à laquelle s'appliquent les articles 153 et 154 du Code pénal, en vertu de la loi du 13 mai 1863.

Le permis de chasse a été établi en exécution de la loi du 3 mai 1844[1] : nul ne peut chasser, s'il ne lui a été délivré un permis de chasse par l'autorité compétente. Ce permis est délivré, sur l'avis du maire, par le préfet du département ou par le sous-préfet de l'arrondissement où celui qui en a fait la demande a sa résidence ou son domicile. Il est dû, pour chaque permis de chasse, un droit de 96 francs, au profit de l'Etat, et de 20 francs,

1. Voir : BOUIS, *Des délits de chasse*; thèse Paris, 1901. — GAUCHER, *Réglementation du droit de chasse, et spécialement du permis de chasse*; thèse Poitiers, 1903.

au profit de la commune dont le maire a été appelé à donner son avis.

Le préfet ou le sous-préfet peut refuser le permis de chasse à certains individus (non inscrits au rôle des contributions; privés de l'un des droits énumérés à l'art. 42 du C.P., etc.).

Le permis ne doit jamais être accordé à toute une autre série d'individus incapables ou indignes : mineurs de moins de seize ans, interdits, condamnés. Les condamnés sous la surveillance de la haute police étaient rangés par la loi de 1844 dans cette même catégorie. La loi du 27 mai 1885 ayant supprimé cette peine et l'ayant remplacée par l'interdiction de séjour, celle-ci entraîne, aujourd'hui, pour celui qui en est frappé, la même déchéance qui atteignait précédemment les individus placés sous la surveillance de la haute police[1].

Il y a exception à l'obligation du permis de chasse en faveur des propriétaires de terres attenant à une habitation et entourées d'une clôture continue, et en faveur aussi des propriétaires, possesseurs ou fermiers, pour détruire en tout temps, sur leurs terres, les animaux malfaisants ou nuisibles dont les espèces auront été déterminées par un arrêté du préfet, et pour repousser ou détruire, à titre de défense, les bêtes sauvages qui porteraient dommage à leurs propriétés.

En dehors de ces exceptions, et du cas de battue administrative, le permis est toujours obligatoire.

Ce titre autorise son titulaire à chasser en temps non

1. CHENU, *Chasse et procès*, p. 40, n° 11.

prohibé; il est valable pour un an; délivré sur un imprimé spécial, il porte la date de délivrance, la signature du fonctionnaire qui l'a accordé, et il contient l'état civil et le signalement de son titulaire.

De 1844 à 1862, les faux commis sur les permis de chasse ne pouvaient être réprimés qu'en vertu de l'article 147 du Code pénal, punissant des travaux forcés à temps le faux en écriture publique commis par un particulier, ou de l'article 146 du même Code, appliquant la peine des travaux forcés à perpétuité au fonctionnaire coupable de ce même crime.

Les travaux préparatoires de la loi de 1863 exposent la situation qui résultait de cette sévère pénalité, dans les termes que nous avons rapportés[1].

Les tribunaux avaient déjà constaté cet état de choses et tenté d'y remédier par une assimilation jurisprudentielle du permis de chasse au passeport. C'est ainsi que le Tribunal correctionnel de Saint-Omer avait déclaré passible des peines du faux passeport un individu qui avait voulu, en en altérant la date, prolonger indûment l'usage de son permis de chasse. Le Tribunal prétendait que si les articles 153 et 154 du Code pénal ne mentionnaient pas le permis de chasse, c'était parce que la loi n'avait pas encore imposé l'obligation de s'en munir, lors de la promulgation du Code pénal, et que, d'ailleurs, la fraude dans le permis de chasse était moins grave que dans un passeport.

1. Voir *supra*, p. 7.

Mais la Cour d'appel de Douai[1] réforma ce jugement et renvoya le coupable devant la Cour d'assises. L'arrêt répondait, sur le point de l'analogie des faits, « que les dispositions des articles 153 et 154, tout à fait spéciales, exceptionnelles, et par conséquent absolument limitatives, ne pouvaient sous aucun rapport s'appliquer au prévenu, qu'autrement il y aurait violation de ce principe qu'en matière pénale la loi ne peut s'étendre ou se restreindre par induction ou par analogie, mais qu'elle doit toujours être entendue strictement et suivant sa teneur expresse ». Relativement au second point, l'arrêt déclare inexact de soutenir que le faux commis sur un permis de chasse ait moins de gravité que celui qui affecte un passeport : les conditions de délivrance sont plus sévères, et les droits exigés plus élevés, pour le permis que pour le passeport.

Et l'on ne saurait critiquer cet arrêt de la Cour de Douai, qui reste dans son rôle et maintient la droite et saine interprétation des textes en vigueur. Mais l'on ne saurait non plus trop blâmer les juges de Saint-Omer qui avaient eu en vue un but louable, assurer une répression en fait inexistante.

La loi du 13 mai 1863 correctionnalise le faux dans le permis de chasse, sanctionnant la tendance manifestée par certains tribunaux, en faisant ce que ceux-ci, liés par la règle de l'interprétation restrictive, ne pouvaient juridiquement pas faire.

1. Douai, 30 janv. 1847 (*S.*, 48, 2, 590. Proc. Saint-Omer contre C. H.).

SECTION II

Le Livret d'ouvrier.

C'est encore le livret d'ouvrier qui marque la tendance à la correctionnalisation :

Le livret obligatoire des ouvriers avait été établi par lettres patentes du 12 septembre 1781, art. 4. Oublié pendant la Révolution, il fut rétabli sous le Consulat par la loi du 22 germinal an XI (art. 12 et 13), mais cette loi se borna à poser le principe; les détails furent réglés par un arrêté consulaire du 9 frimaire an XII. Plus tard, la loi du 22 juin 1854[1] remania cette législation, imposant l'obligation d'être munis d'un livret à tous les ouvriers, de l'un et de l'autre sexe, attachés aux « manufactures, fabriques, usines, mines, minières, carrières, chantiers et autres établissements industriels, ou travaillant chez eux pour un ou plusieurs patrons ». L'obligation ne s'étendait pas aux ouvriers et journaliers de l'agriculture, ni aux artistes, ni à quelques autres catégories que nous n'avons pas à énumérer.

But. — Le livret avait un double caractère, à la fois politique et civil. D'une part, il permettait à la police d'exercer une surveillance sur les ouvriers; les lettres patentes de 1781 l'avaient imaginé comme moyen « d'entretenir la subordination parmi les ouvriers manufactu-

1. Loi du 22 juin 1854, *D. P.*, 55, 4, 117.

riers ». Le patron devait le faire viser dans les 24 heures par le commissaire de police, après avoir embauché un ouvrier. L'ouvrier qui voyageait sans livret pouvait être arrêté comme vagabond[1].

D'autre part, le livret avait un rôle à jouer dans le contrat de travail, entre patrons et ouvriers : il portait d'abord des certificats servant de références. Il faisait, en outre, la preuve de l'engagement de l'ouvrier, et aussi de son départ de chez le précédent patron, après avoir rempli ses obligations.

Ce fut surtout le côté policier du livret qui le rendit impopulaire et qui devint la cause la plus active de sa ruine.

Ce livret était délivré : à Paris, par le préfet de police; à Lyon, par le préfet du Rhône; ailleurs, par les maires, sur demande et justification d'identité.

Par suite de son double but, le livret se composait essentiellement de deux parties[2] :

a) Dans la première, rédigée par l'autorité administrative qui en faisait la délivrance, le livret contenait l'indication du nom de l'ouvrier, de ses prénoms, âge, lieu de naissance, profession, et son signalement;

b) La seconde partie était constituée par un certain nombre de feuillets numérotés, cotés et paraphés, qui devaient recevoir les certificats des différents employeurs du titulaire, les légalisations et les visas des autorités.

1. Arrêté de frimaire, art. 3.
2. Voir décret 12 mai 1855, *D. P.*, 55, 4, 67.

La loi du 22 juin 1854, dans son article 12, punit des peines prévues par l'article 153 du Code pénal « tout individu coupable d'avoir fabriqué un faux livret ou falsifié un livret originairement valable, ou fait usage d'un livret faux ou falsifié ».

Ce texte ne semble viser que la partie du livret créée comme une mesure de police, contenant seule les énonciations du passeport et assimilable, par conséquent, à cette pièce; nous voulons parler de la partie du livret qui émane de fonctionnaires ou d'officiers publics. Quant aux fraudes dans les certificats émanés des patrons chez lesquels l'ouvrier avait travaillé, elles tombaient sous le coup de l'article 161, § 3 du Code pénal, qui punit la fabrication d'un faux certificat attribué à un particulier. C'est que ces deux fraudes sont de nature et de gravité différentes, et il est normal qu'elles ne soient pas également punies[1].

Depuis, la loi du 22 juin 1854 a été abrogée par celle du 2 juillet 1890, et le livret d'ouvrier a cessé d'être obligatoire.

SECTION III

Le Contrat d'émigration.

Le contrat d'émigration a été classé, par le décret du 15 janvier 1855, dans la catégorie des faux qui nous occupent.

1. Voir dans ce sens : GARRAUD, IV, p. 252, n° 1451; Besançon, 21 juil. 1881, affaire Joseph; *S.*, 83, 2, 231; *P.*, 83, 1, 1248; *D.*, 82, 2, 48; Angers, 11 août 1884, affaire Boides; *S.*, 85, 2, 39; *P.*, 85, 1, 307.

L'émigration est un fait volontaire par lequel un individu, une famille, même un groupe de citoyens, abandonne le sol natal pour s'établir sur un autre sol, sans esprit de retour.

L'émigration collective était usitée surtout dans l'antiquité. Au contraire, l'émigration individuelle est la seule qui se pratique aujourd'hui.

Le principe de la liberté d'émigration a été longtemps méconnu dans la plupart des pays d'Europe. A l'heure actuelle, en France, l'émigration est absolument libre : le Français, d'une part, peut s'expatrier librement, et, d'autre part, aucune entrave n'est, en principe, apportée à l'immigration des étrangers en France[1]. On ne peut que se louer de ce régime de liberté. Toutefois, les pouvoirs publics peuvent et doivent même intervenir en matières d'opérations d'émigration. L'intervention directe de l'Etat, soit dans le choix des personnes qui veulent se

1. Il est simplement une double série d'obligations administratives imposées aux étrangers qui viennent en France :

1° Les unes, exigées de tout étranger, quelle que soit sa profession. Il doit être muni d'un passeport. En outre, il est tenu, aux termes de l'article 1er de la loi du 9 septembre 1925, s'il doit résider en France plus de deux mois, de se présenter au commissariat de police ou à la mairie, pour y demander une carte d'identité en fournissant toutes indications utiles concernant son identité, accompagnées de sa photographie en quatre exemplaires. Ces déclarations doivent être faites dans les 48 heures qui suivent son arrivée.

2° Les autres, spéciales à l'étranger qui « immigre pour trouver un emploi salarié sur le territoire national ». La loi du 16 juillet 1912 lui imposait déjà l'obligation d'une déclaration d'identité. Le décret du 9 septembre 1925, article 5, prévoit que les travailleurs qui se présenteront à l'un des bureaux d'immigration ou postes frontières, munis d'un titre d'embauchage reconnu valable, seront pourvus, par les soins du commissaire spécial de la frontière, d'un sauf-conduit qui leur sert pour se rendre à la localité où ils ont un emploi. Dans les 48 heures, ils doivent accomplir les formalités exigées de tous les étrangers.

livrer à l'industrie d'agent d'émigration, soit dans les conditions à prescrire pour empêcher les abus, a été adoptée comme étant le meilleur moyen d'assurer aux émigrants une protection efficace.

Entre autres mesures, les compagnies ou agences d'émigration sont tenues de remettre à l'émigrant avec lequel elles ont traité, soit en France, soit à l'étranger, une copie de son contrat, et, à défaut, un bulletin nominatif indiquant la nationalité de cet émigrant, le lieu de sa destination et les conditions stipulées pour le transport[1].

Et ce contrat ou ce bulletin tient lieu de passeport, quand il contient le signalement de l'émigrant et les indications nécessaires pour établir son identité. C'est, en effet, ce que dispose le décret du 15 janvier 1855[2], sur l'émigration européenne, dans son article 31 : « Si le contrat qui assure à l'émigrant son transport à travers la France et son passage pour un pays d'outre-mer contient le signalement de l'émigrant, ainsi que les indications nécessaires pour établir son identité, il pourra, après avoir été visé par la légation ou le consulat de France, tenir lieu de passeport. »

Il résulte de ce texte que le contrat d'émigration, lorsqu'il est l'objet de falsification, tombe sous le coup de la loi pénale et doit être réprimé par l'article 153. Mais il faut que le contrat soit assimilable au passeport. Il doit, comme le texte l'exige, contenir le signalement du porteur, sinon il n'y a pas délit. C'est ce qu'a décidé

1. Décret du 9 mars 1861 (art. 5, modifiant art. 7 du décret du 15 janv. 1855).
2. Décret 15 janvier 1855 (*Lois, Décrets*, 1855, p. 14).

la Cour de cassation[1], et, à notre avis, le défaut de visa d'un contrat d'émigration par la légation ou le consul doit entraîner, pour les mêmes raisons, une décision identique; et, même en admettant l'assimilation de ce contrat à un passeport, on doit le considérer comme un passeport étranger n'ayant pas de valeur en France[2].

D'autre part, il n'y a pas délit d'usage de faux passeport dans le fait de présenter, en même temps, à un commissaire de police un faux contrat d'émigration et un passeport véritable[3]. Le contrat ne fait fonctions de passeport que de façon subsidiaire et à défaut du passeport lui-même.

Dans tous les cas envisagés, le contrat d'émigration a le caractère d'un contrat purement civil, destiné à régler les intérêts privés. Et, pour cette raison, l'article 153 ne lui est pas applicable.

Le décret de 1885 a, du reste, été complété par la loi des 18 et 23 juillet 1863 et par deux règlements d'administration publique en date des 9 et 15 mars 1860. Mais la disposition qui nous occupe est toujours restée en vigueur.

1. Cass., 19 novembre 1858 (*S.*, 59, 1, 280; *D.*, 59, 1, 42; *B.*, n° 275; Spoor c/min. public). Voir en ce sens : BLANCHE, t. III, p. 555, n° 273; GARRAUD, t. IV, p. 253, n° 1452.
2. Voir *infra passeport étranger*, pp. 19 et suiv.
3. Voir arrêt Spoor précité.

DEUXIÈME PARTIE

LÉGISLATION ACTUELLE

TITRE PREMIER

Sphère d'application des articles 153 à 155.

CHAPITRE PREMIER

Le faux passeport et les faux assimilés postérieurement au Code pénal.

SECTION I

Le Passeport.

A. — DÉSUÉTUDE DU PASSEPORT A L'INTÉRIEUR

Les articles 153 et 154 visent, au premier chef, les fraudes dans les passeports. Mais leur application est relativement rare, par suite de l'abandon qui a été fait du passeport à l'intérieur comme pièce d'identité.

En effet, au cours du XIXe siècle, cette législation révolutionnaire fut, de la part de certains publicistes, l'objet d'attaques vives et fréquentes. Ceux-ci ont accusé cette législation de porter un caractère préventif, en opposition avec les principes de liberté individuelle garantis par notre constitution politique. Ils ont invoqué l'exemple de l'Angleterre, où la liberté de circulation n'est, pour les individus, l'objet d'aucune mesure préventive. Enfin, ils ont vu, dans le prix perçu pour la délivrance des passeports par l'autorité administrative, un impôt onéreux, surtout pour les classes pauvres, et nuisible, jusqu'à un certain point, à la libre circulation.

Et, au début du XXe *siècle*, des esprits qui se piquaient d'être modernes et fort au-dessus des préjugés bourgeois avaient constaté l'abandon du sauf-conduit et s'en réjouissaient, ajoutant leurs doléances posthumes à celles de leurs devanciers.

D'abord, le passeport avait disparu parce qu'il était vraiment trop impopulaire, trop en désaccord aussi, avec l'ensemble de nos institutions libérales et républicaines. Il imposait une obligation gênante et tracassière, et la nécessité de déclarations et d'aveux faits à la police, toutes choses auxquelles les Français ne se soumettent plus volontiers. D'autre part, on affirmait qu'une expérience prolongée avait démontré l'inefficacité de cette mesure, les malfaiteurs étant tout justement ceux qui, d'ordinaire, ont leurs papiers le mieux en règle. Enfin, et surtout, on déclarait que les progrès de la vie contemporaine avaient définitivement relégué cette vieillerie parmi les reliques du temps passé. Autrefois, sans doute, une gendarmerie vigilante pouvait arrêter, interroger, inspecter et vérifier ceux qui cheminaient sur les routes, à pied ou dans les berlines attelées de chevaux de poste. Mais comment, aujourd'hui, soumettre à de semblables investigations les milliers de voyageurs qui se pressent dans nos gares et qui circulent dans les trains? Vraiment, ils sont trop.

A tous ces arguments, certains répondent que, ni en fait, ni en droit, le passeport à l'intérieur n'a disparu. En droit, disent ceux-ci, la loi du 16 juin 1888, abaissant à 0 fr. 60 la taxe des passeports, a encore visé les passeports à l'intérieur. En fait, ajoutent-ils, on a relevé, en 1900, les demandes de quelques personnes, adressées à la préfecture de police de Paris pour la délivrance de tels passeports, sans que cette administration ait cru pouvoir rejeter cette demande comme devenue sans objet[1].

Il est incontestable qu'en droit, cette législation n'a jamais été abrogée, il ne tient donc qu'à l'autorité administrative de la faire revivre le jour où les circonstances paraissent l'exiger, et elle l'a effectivement remise temporairement en vigueur au lendemain des événements insurrectionnels de 1871[2]. Nous verrons encore qu'au cours de la guerre 1914-1918, le sauf-conduit n'a été qu'un passeport, à l'intérieur, sous un autre nom.

Mais, en fait, sauf dans les deux circonstances indiquées, le passeport à l'intérieur est devenu sans emploi en tant qu'il représente une autorisation de voyager. Personne ne demande plus de permission pour sortir de son

1. Voir en ce sens : *Dal., Rep. Gal du Droit français*, v. Passeport, nº 10; Pand. Rep. Passeport, nº 7; Rouen, 15 mai 1900, S. et P. 04, 2, 73, note sous l'arrêt.
2. Circulaire du min. Intérieur 13 avril 1871.

canton, et l'on en étonnerait certainement beaucoup en leur disant que, légalement, une permission de ce genre est toujours exigible : les hommes d'affaires, qui, au reçu d'un télégramme, se jettent dans le premier rapide en partance; les touristes, qui se déplacent à cent kilomètres par jour et même par heure; ou, simplement, les quelques cent mille voyageurs, qui se pressent dans nos grandes gares à certains jours de fête. Et, tombé en désuétude à ce point de vue, le passeport n'a pas tardé à avoir le même sort en tant que pièce justificative d'identité. Cela ne se comprend guère. Mais c'est un fait, nous devons le constater et constater en même temps que, en matière de passeport à l'intérieur, les articles 153 et 154 ne sont pratiquement jamais plus employés. Or, c'était leur principal domaine d'application en 1810.

B. — Passeports étrangers

Par contre, le passeport pour l'étranger semble jouir d'un regain de faveur. Après un déclin passager, avant la dernière guerre, il est de nouveau exigé par la plupart des puissances étrangères et partant par la France[1].

En effet, en vertu de la règle de la réciprocité, admise

1. Circulaire du ministre des Affaires étrangères, 20 octobre 1928 : « Instructions générales sur les passeports et les visas des passeports. » L'article 1er pose le principe de la réciprocité de traitement; l'article 2 *énumère les étrangers dispensés de passeports* : Belges et Luxembourgeois : simple pièce d'identité avec photo, état civil, signalement; réciprocité. Les articles 12 à 17 *visent les étrangers dispensés de visa* : Brésil, Cuba, Danemark, Saint-Domingue, Équateur, Espagne, Honduras, Italie, Japon, Lichtenstein, Mexique, Nicaragua, Norvège, Pays-Bas, Salvador, Siam, Suède, Suisse, Tchécoslovaquie et de l'Uruguay peuvent être admis en France et en sortir sur simple production de leur passeport national sans qu'il soit muni

en matière de passeports pour l'étranger, les citoyens de tous pays sont admis en France s'ils sont porteurs des pièces que leur pays d'origine exige pour l'entrée des Français chez eux. Dès lors, suivant la nationalité, on exige tantôt un simple passeport, tantôt un passeport visé par une autorité française, soit, plus rarement, une pièce d'identité avec photo[1].

Il pourra y avoir fraude de la part d'étrangers voulant entrer en France. La question se posera de savoir si ces passeports doivent être assimilés aux passeports français, quant à la répression des fraudes auxquelles ils donnent lieu? Nous étudierons successivement les opinions de la doctrine et les solutions pratiques de la jurisprudence.

En doctrine, l'application de l'article 154 (et également l'article 153) du Code pénal, aux passeports délivrés par une autorité étrangère, est discutée. Certains auteurs, tels que Blanche, refusent cette extension et limitent la portée de ce texte aux passeports qui émanent

du visa de l'agent consulaire français. De même pour les ressortissants de Grande-Bretagne, Irlande, territoires britanniques d'outre-mer possédant la qualité de British-Subject.

Les ressortissants français (citoyens et sujets) sont dispensés du visa pour entrer dans les pays ci-dessus énumérés.

L'article 17 *indique les étrangers soumis au visa.* — Pour tous autres non énumérés ci-dessus, visa du consul à l'entrée, pour transit, à la sortie. En principe, le visa est valable pour deux ans, mais ne peut dépasser la durée de validité du passeport.

Enfin l'article 22 *prévoit des conditions spéciales* pour les sujets russes venant en France.

1. Il ne saurait être question du passeport délivré en France, à un Français se rendant à l'étranger. Ce faux rentre, sans aucun doute possible, dans la sphère des articles 153 et 154, dont il constitue aujourd'hui à peu près la seule, en tout cas la plus fréquente, application pratique.

d'une autorité française[1]. D'autres, comme Garçon[2], ne font pas de distinction : d'une part, observent-ils, les termes de l'article 154 sont généraux et absolus; d'autre part, il est reconnu que le faux en écritures étrangères peut être atteint par la loi française.

Quelques sérieuses que paraissent ces raisons, elles sont loin, cependant, de paraître décisives.

D'abord, il n'y a pas d'argument à tirer de l'article 145, qui punit le faux en écriture pour en dégager la signification de l'article 154; il s'agit de deux infractions qui sont différentes et qui n'ont point, nécessairement, la même application. Ensuite, l'article 154 du Code pénal a une origine immédiate et certaine dans le droit intermédiaire, et, peut-être, trouvera-t-on là la portée de la disposition qu'ont édictée les rédacteurs du Code pénal.

Or, dans le droit intermédiaire, aussi bien la loi du 1er février 1792, que la loi du 17 ventôse an IV, qui répriment les faits prévus par l'article 154, ont été prises afin d'empêcher l'entrée ou la sortie de Français du territoire de la République, sous un nom supposé, et ont cherché, par cette mesure, à élever une barrière, soit au départ d'émigrés, soit à leur retour. De toute évidence, ces lois ne concernaient que les passeports délivrés par l'autorité française. Et, comme il n'est pas prouvé que

1. BLANCHE, *op. cit.*, n° 270. Dans le même sens : CHAUVEAU et HÉLIE, *op. cit.*, p. 495, n° 742; GARRAUD, *op. cit.*, p. 249, n° 1450. Plus exactement, ces auteurs exigent que le passeport incriminé soit valable en France, bien que délivré par des autorités étrangères,

2. GARÇON, *Code pénal annoté*. Sur les art. 153 et 154, n° 23.

soit par suite de l'apposition du visa d'un fonctionnaire français compétent à cet effet, soit en vertu d'un traité diplomatique.

sous l'Empire les dispositions du Code pénal aient un autre objet que de maintenir ces règles nécessaires pour assurer la surveillance des voyageurs en France, il est logique de penser qu'elles n'ont pas plus d'étendue que celles des lois de la Révolution. En rapprochant d'ailleurs, dans l'article 154, les passeports et permis de chasse, et, en visant dans le même article le fait, par un logeur ou un aubergiste, d'inscrire sous des noms supposés les personnes qui logent chez eux, il paraît bien que ce sont uniquement des préoccupations d'assurer, sur le territoire français, la protection d'ordre public, qui a fait prendre ces mesures.

Enfin, les passeports étrangers sont des mesures de police intérieure des gouvernements qui les ont délivrés. Le but de leur falsification n'est point d'échapper à la surveillance de la police française, puisque ces titres ne sont point valables à ses yeux. On ne saurait comprendre de quel droit ces faits seraient punis chez nous, alors que, théoriquement, ils peuvent ne l'être point dans le pays d'origine. Nous n'accordons aucune valeur à ces passeports. Ils sont considérés comme nuls. On ne peut attacher plus de valeur à la falsification qu'au titre lui-même : leurs titulaires doivent faire l'objet d'une mesure de refoulement hors des frontières.

Dans un vieil arrêt du 31 mai 1850[1], la Cour de cassation exigeait, pour qu'il y ait faute punissable, un passeport valable en France; par exemple, revêtu du visa d'une fonctionnaire français.

1. Cass., 31 mai 1850 (*D. P.*, 1852, 5, 278; *S.*, 51, 1, 159; *B. Crim.*, 1850, n° 178).

Maurice Blanc-Garin était porteur d'un passeport délivré par le ministre des Affaires étrangères du royaume de Sardaigne, et *visé* par l'un des fonctionnaires publics français préposés à cet effet. Blanc-Garin s'étant présenté en France, le Commissaire spécial de police, établi aux Rousses, mit sur le passeport son visa et l'injonction de sortir de France. Blanc-Garin lacéra ce visa et l'injonction qui l'accompagnait. Poursuivi à raison de ce fait, il fut renvoyé des poursuites par ordonnance de la Chambre du Conseil du Tribunal de Saint-Claude et par arrêt de la Chambre des mises en accusation de la Cour de Besançon. Sur le pourvoi du Ministère public, l'arrêt de cette Cour fut annulé, « attendu, d'une part, que le « passeport délivré à Blanc-Garin, au nom du ministre « des Affaires étrangères du royaume de Sardaigne, *a « pris le caractère d'un acte émané de l'autorité fran- « çaise; du moment où il a été revêtu du visa de l'un des « fonctionnaires français préposés à cet effet;* que ce visa « pouvait donner au porteur du passeport la faculté d'en « faire usage, sur le territoire français, jusqu'au lieu de « destination; que, dès lors, la falsification de ce passe- « port rentrait dans l'application de l'article 153 du « Code pénal; attendu, d'autre part, que le visa apposé « sur ce passeport par le Commissaire spécial de police, « établi aux Rousses, s'identifiait avec le passeport lui- « même, et que l'un et l'autre ne formaient plus qu'un « seul et même acte; que l'arrêt attaqué reconnaît que « Blanc-Garin a lacéré la partie du passeport où existait « le visa du Commissaire spécial français et l'injonction « de sortie de France; que cette suppression d'une énon-

« ciation de l'acte constituait une altération de ses dis- « positions, une véritable falsification, de nature à trom- « per la surveillance de l'autorité et à soustraire Blanc- « Garin aux mesures prises par l'Administration fran- « çaise à l'égard des étrangers; qu'en décidant que les « faits ainsi constatés ne présentaient pas le caractère « d'un délit prévu par la loi, la Cour d'appel de Besan- « çon a violé les dispositions de l'article 153 du Code « pénal... »

Depuis cet arrêt, la Cour suprême n'avait pas eu à se prononcer dans une affaire de même nature, mais il semblait que sa doctrine, fort juste et sage, ne devait pas être abandonnée. Or, récemment, la Cour de cassation a tranché, en sens tout différent, une affaire Khaled el Hacari[1]. Cet individu, citoyen français, s'était fait délivrer, à Alexandrie (Egypte), par l'autorité égyptienne, un passeport sous un nom supposé, et en avait fait usage : d'abord, en le présentant au visa du Consul d'Italie; ensuite, en le produisant en vue d'obtenir un billet de passage sur un vapeur italien.

La Cour d'appel d'Aix, saisie de l'affaire, en vertu des capitulations encore en vigueur en Egypte, et aussi de l'article 75 de la loi du 28 mai 1836, avait, conformément à la solution précitée de la Cour de cassation, écarté l'application de l'article 154 du Code pénal, se fondant sur ce que « le passeport, ainsi sollicité et obtenu, n'émanait pas de l'autorité française et ne devait ni ne pouvait être utilisé en France ». Sur appel du Ministère

1. Cass., 9 janv. 1926; *S.*, 27, 1, 197.

public, la Cour de cassation cassa l'arrêt d'Aix, « attendu qu'il appert des termes généraux de l'arti- « cle 154 que le législateur a entendu réprimer les « fraudes commises dans tout passeport, quelle que soit « la nationalité de l'autorité dont il émane. »

D'une part, pour les raisons que nous avons données dans notre étude de la doctrine, et, d'autre part, parce que le préjudice faisait défaut, la Cour de cassation, revenant sur sa première décision, nous paraît être entrée dans une fausse voie, où elle tend à entraîner la jurisprudence des juridictions inférieures.

C'est ainsi, en effet, que le Tribunal correctionnel de Toulouse, dans un jugement du 30 octobre 1926[1], a suivi la toute jeune jurisprudence de la Cour suprême : Une dame, Elsa Michell, de nationalité allemande, surprise en état de vagabondage à Villefranche-de-Lauragais, portait un passeport allemand, délivré, le 25 janvier 1926, à Opladen, près de Cologne. Elle avait usé de ce passeport, comme le montrent les divers visas qui y sont apposés, d'abord en Belgique, puis en Luxembourg. Le dernier visa était le suivant : « Visé sous le n° 980, à Luxembourg, le 14 août 1926, à la légation de Belgique. »

Dès juin 1926, la dame Michell avait voulu pénétrer en France, mais elle en avait été empêchée, comme le prouve la mention suivante : « Refoulée de France pour défaut de visa; Forback, le 15 juin 1926; l'inspecteur de police spéciale », apposée sur le passeport. La dame

1. Trib. Cor. de Toulouse, 30 oct. 1926 (n° 1287 du greffe).

Michell expliqua au juge d'instruction qu'elle n'avait pas demandé ce visa parce que sa profession était donnée, par le passeport, comme étant celle d'institutrice. Or, on lui avait dit, qu'en France, on n'acceptait pas les gouvernantes d'origine allemande. Malgré son échec, la dame Michell, après un séjour en Luxembourg, voulut tout de même entrer en France et se décida à demander le visa. Craignant de se le voir refuser, en raison de son état, elle effaça et gratta, de façon maladroite, la mention « gouvernante », en face de la rubrique « profession ». Puis, les 100 francs de droits exigés par l'apposition du visa lui faisant défaut, elle décida de se passer de cette formalité et réussit à pénétrer en France.

Elle fut arrêtée dans les conditions que nous avons indiquées et poursuivie sous la double inculpation de vagabondage et falsification de passeport.

Le Tribunal correctionnel de Toulouse la déclara « convaincue d'avoir... falsifié un passeport *allemand*, en grattant la mention relative à sa profession », se basant sur ce que, « en ce qui concerne le délit de falsification de passeport, il est établi que la prévenue a, elle-même, gratté sur le passeport la mention relative à sa profession... » Sans plus. Le Tribunal, ne motivant pas autrement sa décision, paraît n'avoir vu la question, et s'il semble s'être rangé à la nouvelle jurisprudence de la Cour de cassation, c'est peut-être involontairement qu'il l'a fait.

Il ne faudrait donc accorder trop de poids à cette décision.

Cependant la voie est ouverte par la Cour de cassation, et il est regrettable que cette affaire n'ait été soumise à son jugement.

Un nouveau revirement ne nous eut pas surpris outre mesure, car il eût confirmé la seule décision convenable, celle de l'arrêt de 1850.

Section II

Les faux assimilés au faux passeport, postérieurement au Code pénal.

I. — Le permis de chasse

Le législateur de 1863 prononce donc l'assimilation du permis de chasse au passeport, au point de vue de la répression du faux, suivant en cela la tendance à la correctionnalisation manifestée par la jurisprudence. Et, dès lors, la question étant définitivement tranchée, nous ne trouvons guère plus de décisions judiciaires intéressantes. La seule, dont fassent mention les recueils de jurisprudence, est l'affaire Foucault[1], qui ne présente aucune difficulté. Cet individu, surpris en action de chasse, et requis par les gendarmes de montrer son permis, en exhiba un qui fut reconnu falsifié : ce permis était périmé, et Foucault, pour faire croire à sa validité, avait, dans la

1. Cass., 13 déc. 1894; *S.*, 95, 1, 157; *D.*, 99, 1, 457.

mention de la date, remplacé le mot « douze » par celui de « treize ».

II. — Le livret d'ouvrier

La loi du 22 juin 1854 a été abrogée par celle du 2 juillet 1890, et le livret d'ouvrier a cessé d'être obligatoire. La question de son assimilation au passeport semble n'avoir plus qu'un intérêt historique. Elle en a cependant un autre, car elle peut se poser dans la pratique :

D'une part, en fait, beaucoup d'ouvriers, qui vont chercher du travail en dehors de leur domicile, se font délivrer, dans les mairies, des livrets, comme par le passé. Sur ces livrets, comme autrefois, ils font apposer le visa des autorités des localités qu'ils traversent, et ils font inscrire les certificats par les patrons chez lesquels ils travaillent. On peut, dès lors, se demander si les falsifications de ces livrets sont punissables et en vertu de quels textes. Ces diverses mentions apposées sur le livret constituent, en réalité, une série de certificats destinés à « appeler la bienveillance des particuliers sur la personne y désignée et à lui procurer place, crédit ou secours ». Par suite, elles tomberont sous l'application de l'article 161, § 1, si elles paraissent émaner de maires ou de commissaires de police; sous l'application de l'article 161, § 3, si elles sont fabriquées sous le nom de simples particuliers[1].

1. En ce sens : Angers, 14 mai 1891, *J. des Parquets*, 1891, 2, 161.

D'autre part, le Code du travail de 1912, livre II, titre III, article 88, déclare que « les maires sont tenus de délivrer gratuitement au père, mère, tuteur, patron, un livret sur lequel sont portés les noms et prénoms des enfants des deux sexes âgés de moins de 18 ans, la date, le lieu de leur naissance et leur domicile ». L'article 89 ajoute : « Les chefs d'industrie ou patrons inscrivent sur le livret la date de l'entrée dans l'atelier et de la sortie. » L'article 88 rétablit donc officiellement le livret obligatoire pour les apprentis. La question se pose aussitôt: les faux qui y seront commis seront-ils punis, et en vertu de quels textes?

Il ne saurait être question d'appliquer la sanction de l'article 12 de la loi de 1854. Celle-ci a été abrogée, et l'on ne saurait plus l'invoquer. Le nouveau livret ne constitue pas davantage un certificat de nature à attirer une bienveillance quelconque sur son titulaire. Mais bien plutôt, et la place de ces articles dans le titre II, intitulé « Inspection du Travail », le prouve, il s'agit de pièces tendant à faciliter le ministère des inspecteurs du travail. Dès lors, il ne saurait y avoir de doute, ces fraudes sont réprimées par l'article 178 du livre II du Code du travail, qui édicte que : « Quiconque met un obstacle à l'accomplissement des devoirs d'un inspecteur de travail, est puni d'une amennde de 100 à 500 francs, amende qui, en cas de récidive, peut être portée de 500 à 1.000 francs. »

III. — Le contrat d'émigration.

Les faux sont punissables dans cette pièce, ainsi que nous l'avons vu, si elle peut être assimilée au passeport, dont elle doit contenir les indications signalétiques, et s'il en est fait usage au lieu du passeport, comme l'exige le décret du 15 janvier 1855.

CHAPITRE II

Des faux assimilés par la jurisprudence et possibilités nouvelles d'application des art. 153 à 155.

SECTION I

Position de la question.

Le rôle du passeport à l'intérieur était, au premier chef, de prouver l'identité de son titulaire. Cette espèce de passeport, nous l'avons constaté, est tombée en désuétude.

Or, aujourd'hui comme autrefois, le droit de libre circulation, garanti à tous les citoyens par la Constitution de 1791 et rétabli par la pratique, n'existe pas, au même titre, pour tout le monde. Si la circulation n'est plus soumise à une autorisation préalable, elle est toujours assujettie à un certain contrôle, et il est même des classes de la société sur lesquelles l'obligation de ce contrôle pèse assez lourdement. Les gens qui vont à pied avec bâton et besace, les nomades, les artistes forains, les chemineaux et les gueux de la route devront justifier de leur état civil et de leur profession à toute réquisition de la gendarmerie, s'ils ne tiennent pas à se voir inculpés de vagabondage et déposés en lieu sûr.

De même, pendant la guerre, tous les Français furent soumis à l'obligation au sauf-conduit, pièce d'identité, véritable substitut du passeport.

On conçoit, dès lors, que l'intérêt, qui pouvait exister à la falsification d'un passeport, se retrouve à la falsification de ces pièces. Et la question se pose de savoir si l'assimilation, au point de vue pénal, est possible entre ces pièces et le passeport, par cette seule raison qu'on leur en laisse parfois officiellement et, plus souvent, officieusement remplir le rôle?

La difficulté provient, comme nous l'avons laissé entrevoir dans notre introduction, de l'existence simultanée de dispositions générales et de dispositions spéciales, dont les domaines respectifs n'ont pas été assez nettement délimités.

D'une part, en effet, toutes les fraudes, dans les pièces d'identité, sont susceptibles de rentrer dans la définition du faux en écritures publiques. D'autre part, le législateur a manifesté, sans équivoque, son intention de ne pas appliquer les peines du faux criminel; seulement, il n'a déposé que pour une hypothèse devenue sans applications pratiques, ou peu s'en faut.

En dehors de cette hypothèse, et c'est ainsi qu'on se trouve à peu près toujours aujourd'hui, il est permis d'hésiter entre les deux catégories de dispositions.

Certains auteurs, et non des moindres[1], ont pré-

1. Garraud, *op. cit.*, p. 275, note 49.

tendu exclure, à la fois, les unes et les autres, ce qui revient à assurer à la fraude une impunité complète. Cette manière de voir, qui évidemment supprime toute difficulté, mais permet toutes sortes de fraudes dangereuses pour la société, ne saurait être admise, ni même prise en considération.

On est d'ailleurs convaincu de la nécessité, imposée par la loi, où l'on est de réprimer de tels faits, si l'on se reporte à l'article 162, que nous avons déjà étudié, et aux conséquences qui s'en dégagent : ou les titres, qui nous occupent, sont de même nature que les passeports, et les faux, dans ces pièces, tombent sous le coup des articles 153-154 ; ou ils sont d'une nature différente, et les faux relèvent alors des articles 145 et suivants.

Ainsi, dès que l'on admet le principe de la répression de ces fraudes, on hésite entre les deux séries de textes :

Si à tous les cas non correctionnalisés formellement par la loi, on veut appliquer le droit commun en matière de faux, les coupables comparaîtront devant la Cour d'assises, et le jury, ne voulant appliquer, à des faits d'aussi minime importance, les peines sévères du faux en écritures publiques, acquittera.

Si, au contraire, on veut les faire entrer dans la sphère d'application des articles 153 et 154 du Code pénal, on obtiendra une sage répression. Mais cette assimilation des faux, dans les pièces d'identité, se heurte au principe de droit pénal, qui veut que, par application de la règle « *Odia restringenda, non amplianda* », la loi pénale soit strictement renfermée dans ses termes[1]. Il ne nous semble cependant pas qu'il soit en contradiction avec cette règle d'admettre, comme l'a proposé un auteur[2], une certaine élasticité dans son application : l'extension de la loi pénale doit avoir lieu lorsqu'il s'agit d'espèces semblables, *en tous points*, à celles que cette loi a prévues et dans lesquelles se trouveront même motifs ou motifs plus forts d'empêcher que ces lois ne deviennent illusoires. Et nous admettons aussi, avec un autre auteur[3], que, si le permis de chasse est un titre sans équivalent, il n'en est pas de même du passeport, et que l'on doit entendre, sous cette dénomination générique, toute pièce à la possession et à la production de laquelle se trouve soumise, par l'autorité compétente, la faculté de circuler en France.

La jurisprudence a nettement formulé le principe de la non-extension de la loi pénale. C'est ainsi, nous l'avons vu, qu'avant 1863, la Cour de cassation avait réprimé tout essai de correctionnalisation du fait de fabrication ou falsification d'un permis de chasse. Elle a cependant suivi, en partie, la tendance doctrinale que nous venons d'exposer, en admettant qu'il peut y avoir équivalence entre le passeport et certaines autres pièces; mais elle n'a

1. *Dig. Lex.*, 10, p. 1, de reb. Dub. ; *Dig. Lex.*, 56, 192, § 1, de reg. Jur. ; Montesquieu, *Esprit des Lois*, livre VI, chap. III ; Beccaria, *Traité des délits et des peines*, § 4 ; Carnot, Com. du Code pénal sur l'art. 4 ; Chauveau et Hélie, *op. cit.*, t. I, nos 24 et 25 ; G. Vidal et J. Magnol, *op. cit.*, p. 1062, nos 897, 15 et suiv. Seul, Thibaut enseigne que la loi pénale est susceptible d'extension et que ces motifs peuvent être étendus d'un cas à un autre.

2. Mailher du Chassat, no 115.

3. Garraud, *op. cit.*, p. 249, no 1450.

pas osé aller jusqu'au bout dans cette voie, et, ce qu'elle a admis pour certaines pièces, elle l'a écarté pour d'autres, dont l'assimilation au passeport eût été tout aussi légitime.

Nous examinerons donc les positions de la doctrine et les solutions de la jurisprudence en matière de faux :

1° Dans les sauf-conduits;
2° Dans les diverses pièces d'identité;
3° Dans la « lettre d'appel ».

Enfin, nous verrons que le législateur, créant certaines pièces d'identité obligatoires, en a puni la falsification de façon spéciale.

Section II

Le sauf-conduit.

On appelle sauf-conduit, dit un auteur[1], la permission, délivrée à une personne par l'autorité militaire, en vue de traverser les lignes de l'armée ou les territoires par elle occupés.

Mais aujourd'hui cette définition doit être élargie, et il semble plus juste de le définir : la permission, délivrée à une personne par l'autorité militaire ou civile, d'aller à un endroit du territoire ou de la zone des armées, d'y séjourner pendant un certain temps et de s'en retourner librement, sans crainte d'être arrêtée.

1. Bluntschli, *Droit int. codifié*, trad. Lardy, art. 675.

Car, *la guerre venue*, la liberté de circulation, qui, en fait, régnait à l'intérieur du territoire français, fut limitée par l'obligation du sauf-conduit étendu à tout le territoire[1].

A peu près dès sa création, il apparut, comme toujours vrai, que ceux qui veulent se cacher et dissimuler leur identité, imaginent des moyens pour se procurer de faux titres. Et dès lors, se posa, en théorie et en pratique, la question de savoir quelle était la nature juridique du sauf-conduit et de savoir aussi si, une assimilation étant possible, les pénalités du faux passeport étaient également applicables au sauf-conduit[2].

Il n'est pas douteux que l'autorité militaire investie, dès la déclaration de l'état de siège[3], des pouvoirs dont est revêtue l'autorité civile pour le maintien de l'ordre et de la police, a le droit de soumettre, sur les territoires en état de siège, ce qui était le cas, en l'espèce, la circulation des personnes voyageant à pied ou en voiture, à des restrictions et à des conditions qui permettent, soit de s'assurer de l'identité des voyageurs, soit simplement d'éviter les encombrements sur les routes. A cet effet, elle a donc le pouvoir, qu'elle puise dans l'article 7 de la loi du 9 août 1849, sur l'état de siège, de subordonner la circulation des civils, sur les chemins ou les voies

1. On distinguait : le laissez-passer valable pour un jour ou un voyage ; le sauf-conduit temporaire, valable pour une durée déterminée, trois mois par exemple, délivré aux individus sujets à de fréquents déplacements ; le sauf-conduit permanent, accordé à certains fonctionnaires ; la carte de circulation exigée pour la circulation dans la zone des armées et dans les zones dites du « littoral ».

2. *Revue pénitentiaire*, 1915. Voir un excellent article sur le sauf-conduit, pp. 615 et suivantes.

3. Décret du 4 août 1914.

ferrées, à une autorisation délivrée par elle, et d'interdire le passage aux personnes non munies de ce permis.

Nous avons vu que l'article 154 a conservé la généralité d'étendue qu'il possédait en 1810 que les passeports à l'intérieur n'ont pas disparu en droit, mais en fait[1].

Ce que l'autorité civile peut incontestablement faire, l'autorité militaire, investie par l'article 7 de la loi du 9 août 1849, aussitôt l'état de siège déclaré des pouvoirs de police et de l'autorité civile, peut également l'ordonner.

Il n'y aurait donc aucune difficulté si l'autorité militaire avait purement et simplement remis en application les dispositions législatives sur les passeports, ce qu'elle paraît avoir fait pendant la guerre de 1870-71. Mais, au lieu d'exiger des personnes quittant leur résidence la présentation d'un passeport, elle s'est bornée à prescrire l'emploi de sauf-conduits délivrés sous sa surveillance et son contrôle.

Et, c'est ce qui a fait naître la difficulté, il semble, théoriquement, que la résoudre dans le sens de l'assimilation des deux pièces serait faire une saine et exacte interprétation de l'article 154 du Code pénal.

Qu'est-ce, en effet, qu'un sauf-conduit, sinon une espèce particulière, une sorte de passeport. On appelle sauf-conduit, dit un auteur[2], le *passeport* délivré en temps de guerre par le fonctionnaire civil ou militaire compétent pour permettre au porteur de traverser impunément et

1. Voir *supra*, p. 37.
2. *Sirey*, Rép. gén. Droit français ; v. Passeport, n° 75. Pand., Rép. Passeport, n° 7 et suiv.

sans encombre les lignes des armées. Le sauf-conduit a, en effet, le même objet que le passeport; il en présente, en outre, tout ce qui est essentiel et caractéristique : comme lui, c'est un titre qui autorise la libre circulation d'un individu; comme lui, c'est une pièce personnelle qui porte le signalement de la personne à qui elle est délivrée et qui établit et atteste son identité; enfin, c'est également une autorité publique qui le délivre, et cette autorité puise uniquement dans le décret du 10 vendémiaire an IV, le droit de l'imposer aux citoyens, car il est avéré qu'en dehors des restrictions aux libertés publiques, qui sont indiquées dans l'article 9 de la loi du 9 août 1849, l'article 11 de cette loi a maintenu aux citoyens, nonobstant l'état de siège, tous les droits et toutes les libertés publiques garanties par la Consittution, et l'article 7 a simplement, à raison des nécessités créées par l'état de siège, déplacé l'exercice des pouvoirs de police, mais non amplifié et étendu ceux-ci.

La circonstance que le sauf-conduit émane de l'autorité militaire, et non de l'autorité civile, est donc indifférente. Le fait que l'on ne trouve pas dans les sauf-conduits toutes les formalités imposées aux passeports, et notamment celle relative à la présence de deux témoins, est également sans importance, car l'autorité militaire puise son pouvoir dans le décret du 10 vendémiaire an IV, et n'est pas tenue d'observer les décrets ultérieurs qui, en prévision surtout du temps de paix, ont multiplié les conditions de forme des passeports. Enfin, l'absence de paiement d'un impôt pour la délivrance d'un sauf-conduit, alors que le passeport était soumis à la perception d'une taxe de 0 fr. 20 en 1914, n'est pas davantage d'un grand poids, puisque ce ne sont pas les intérêts du Trésor que l'article 154 du Code pénal a pour objet de garantir, mais la sincérité et l'exactitude d'une pièce d'identité délivrée par une autorité publique; il reste donc seulement que le sauf-conduit est une sorte de passeport, qui en produit les effets, et qui réclame, dès lors, la même sanction.

Cette opinion paraît d'ailleurs si vraie et si naturelle que le ministre de la Guerre, dans l'instruction du 31 juillet 1911, sur le service de la gendarmerie aux armées, identifie purement et simplement les sauf-conduits aux passeports. « Le général en chef, dit l'article 30 de cette instruction, et par là il faut entendre également les autorités militaires subalternes par délégation du général en chef, peut délivrer des sauf-conduits ou laissez-passer qui sont de véritables passeports. »

Nous devons donc conclure à la communauté de la nature juridique du passeport et du sauf-conduit.

Nous avons relevé trois cas dans lesquels la question s'est posée devant des juridictions diverses. Nous étudierons successivement les solutions adoptées et nous constaterons qu'elles viennent à l'appui de la doctrine.

La première en date a été rendue, le 22 mars 1915, par le Conseil de guerre aux armées près la 68e division[1].

Il s'agissait d'un travailleur civil, M. Honète, aux chantiers militaires de La Baffe (Vosges), qui avait été

1. *S.*, 15, 2, 41; aff. Honète.

arrêté à la gare de Nancy, porteur d'un sauf-conduit délivré par l'autorité militaire de La Baffe, au nom de Marchal. Le sauf-conduit était valable pour se rendre à Epinal. Traduit devant le Conseil de guerre aux armées de la 68e division, pour infraction à l'article 154, § 2, du Code pénal, M. Honète a prétendu qu'ayant trouvé fermés les bureaux du chef du génie pour se faire remettre un sauf-conduit en son nom, il avait emprunté celui d'un de ses camarades; qu'à Epinal il avait continué sa route jusqu'à Nancy, et que, si on pouvait lui reprocher d'être allé à Nancy sans sauf-conduit, on ne pouvait pas l'inculper de l'usage qu'il avait fait, de la Baffe à Epinal, du laissez-passer de Marchal; que l'article 154 du Code pénal impliquait l'usage qu'un tiers ferait d'un passeport délivré sous un autre nom, mais qu'un passeport et un sauf-conduit étaient choses essentiellement différentes, et que les textes de droit pénal devaient être, au surplus, de stricte interprétation.

Le Conseil de guerre déclara l'accusé coupable et le condamna à la peine de six jours de prison.

En résolvant la question dans le sens d'une assimilation parfaite du sauf-conduit au passeport, le Conseil de guerre aux armées de la 68e division n'a pas seulement consacré une solution qui était utile, dans les circonstances tragiques de l'heure, pour assurer l'exécution des prescriptions militaires sur la circulation des piétons et des véhicules. Il a, de plus, exactement interprété l'article 154 du Code pénal, en comprenant dans l'expression générique de « passeport » qui figure dans ce texte les sauf conduits délivrés en temps de guerre par l'autorité militaire, qui, en fait comme en droit, sont une variété de passeport.

Peu de temps après, le 3 novembre 1915, la Cour d'appel de Dijon confirmait, par un arrêt, un jugement du Tribunal correctionnel d'Autun, du 20 juillet de la même année, rendu dans le même sens de l'assimilation[1].

C'était ici la femme d'un soldat qui, en vue d'éluder une mesure de discipline militaire interdisant aux femmes de soldats d'aller visiter leurs maris en stationnement dans la zone des armées, s'était fait passer pour la sœur d'un militaire blessé, en traitement dans cette zone, et, grâce à ce nom supposé, avait obtenu la délivrance d'un sauf-conduit. Le jugement et l'arrêt déclarent la dame coupable d'usage de faux passeport.

Les juges d'Autun et de Dijon ont basé leur sentence sur ce fait que la préoccupation de sûreté publique à laquelle répond l'obligation au passeport est la même, et encore beaucoup plus impérieuse, pour les sauf-conduits au temps de guerre. Ils constatent que « l'autorisation délivrée à la dame Couland, par le commissaire de police d'Autun agissant comme délégué du maire, sous le nom de sauf-conduit, lui permettant de se rendre à....., contenait son signalement, constatait son état civil, le lieu de sa naissance en France, ce qui impliquait sa nationalité française, ainsi que le lieu de sa demeure, constatations qui se trouvaient authentifiées par la signature de l'officier public qui en effectuait la délivrance ».

Et, répondant à l'argument qui dit que les textes de

1. *D.*, 1916, 2, 31, Dijon, 3 novembre 1915; affaire Couland.

droit pénal sont d'interprétation rigoureuse, les juges ajoutaient : « On ne saurait s'arrêter à ce fait que les formules désignées par les diverses lois relatives aux passeports pour leur rédaction n'y étaient pas reproduites, attendu que ces formules n'ont rien de sacramentel et que tous les effets des passeports qu'elles ont uniquement pour but de rappeler se trouvaient, en fait, assurés par la formule moins explicite employée dans la rédaction du sauf-conduit incriminé. »

Ils concluent donc à ce que les fraudes commises dans la confection ou l'usage des sauf-conduits tombent sous l'application des articles 153 et 154 du Code pénal.

Entre temps, une autre affaire du même ordre s'était présentée successivement devant le Tribunal correctionnel de Toulouse, la Cour d'appel de cette ville et la Cour de cassation :

Johanna Röser, de nationalité allemande, habitait Paris, comme tant de ses compatriotes. Au moment de la déclaration de guerre, elle se garda avec soin de révéler sa présence à l'autorité, mais elle ne se cacha pourtant pas si bien qu'elle fut invitée à se présenter au commissariat de son quartier. Cependant, comme elle avait peu de goût pour les camps de concentration, où sa place était tout indiquée, elle résolut de quitter Paris pour chercher, dans une ville du Midi, une retraite qu'elle jugeait plus sûre. Mais, pour ce faire, il lui fallait un sauf-conduit, et voici ce qu'elle imagina :

Elle fit appel au concours des époux Pech, avec lesquels elle était en relations, et les décida à favoriser son dessein. M. Pech se rendit donc au commissariat de son quartier et demanda et obtint un sauf-conduit pour sa femme et pour sa « cousine ». Le lendemain, ces deux dames se faisaient ainsi délivrer des billets pour Toulouse, où elles allèrent habiter un appartement garni qu'un ami de M. Pech avait préalablement loué en son propre nom. Johanna Röser était donc autorisée à croire qu'elle avait échappé au camp de concentration. Mais elle avait compté sans la brigade mobile qui découvrit sa retraite et l'envoya en prison, ainsi que les époux Pech.

Tant de soins pour demeurer en France et pour s'y dissimuler pouvaient faire naître des soupçons d'espionnage. L'arrêt déclare qu'il n'est pas démontré qu'elle s'en soit rendue coupable. Mais le Parquet pensa que M. et Mme Pech et Mme Röser avaient au moins commis le délit de faux dans un passeport et d'usage de ce faux passeport, et tous trois furent renvoyés, sous cette prévention, devant le Tribunal de Toulouse, puis devant la Cour de la même ville. Celle-ci les condamna à huit mois d'emprisonnement[1].

Si, en fait, cette condamnation paraît légitime, surtout à l'heure critique où elle fut prononcée, en droit, la qualification se heurtait à des objections nombreuses qui n'arrêtèrent pourtant pas les juges de Toulouse.

Ici, on ne discute pas comme dans les deux précédentes affaires le principe de l'assimilation du sauf-conduit au passeport : la défense l'admet; elle prétend seulement que le sauf-conduit, en l'espèce, ne peut être considéré

1. *Revue pénitentiaire*, 1915, pp. 615 et suiv. ; affaire Röser, Toulouse, 1er juillet 1915 (*Gaz. Trib.* 6 août 1915) ; Cass., 19 août 1915 (*Gaz. Trib. du Midi*, 22-29 août 1915, *Gaz. Trib.* 26 août 1915).

comme un passeport, car il ne contient pas toutes les énonciations essentielles de cette pièce. Avant tout, dit la défense, parmi ces énonciations essentielles se trouve le nom de celui à qui le passeport est délivré. Or, le nom de Röser n'était pas mentionné dans le sauf-conduit incriminé. Donc, concluait-elle, l'article 154 ne lui est pas applicable, comme il ne serait pas applicable à un passeport ne désignant pas l'inculpé par son nom[1].

La Cour de cassation a admis cette prétention, décidant que l'article 154 n'était applicable au sauf-conduit qu'à la condition que ce titre individualise son titulaire et puisse être ainsi assimilé au passeport.

Laissons de côté, pour le moment, la question de désignation que nous étudierons plus loin[2], et bornons-nous à constater qu'en cette circonstance, pas plus la défense que la Cour d'appel, non plus que la Cour suprême, n'ont songé, l'une à prétendre, les autres à admettre, que le sauf-conduit n'était pas un passeport sous une autre forme.

La question est donc tranchée : le passeport n'est pas mort, mais en somnolence. Il a suffi que la guerre éclate pour que, exigé par les circonstances, il se dresse de l'oubli où on l'avait laissé, sous un nom nouveau, pour présenter figure plus jeune. C'est que l'on n'a pas encore trouvé, et on ne trouvera vraisemblablement jamais, de meilleur moyen pour permettre à la police de dépister

1. La Cour de Toulouse basait son arrêt sur le fait que, lorsque le bénéficiaire du sauf-conduit n'est pas nommé, mais désigné, la désignation remplace le nom, puisque c'est elle qui individualise la personne autorisée à circuler.
2. Voir *infra*, p. 114.

les suspects. Et personne en France n'a songé à se plaindre des ennuis très réels que cette formalité imposait. Il a suffi de dire que cette mesure était nécessaire dans l'intérêt de la défense nationale. Et, chose beaucoup plus surprenante, on s'est aperçu que cette institution, non seulement était parfaitement compatible avec l'invention des chemins de fer, mais qu'en réalité elle fonctionnait plus facilement qu'autrefois. Il a suffi de donner aux dames qui distribuaient les billets l'ordre de n'en délivrer qu'aux personnes munies d'un sauf-conduit; un service d'ordre très discret établi aux guichets assurait ainsi la surveillance des voyageurs avec une parfaite efficacité. Tant il est vrai qu'il ne se faut point hâter d'abroger les vieilles lois parce que les circonstances qui les ont fait établir sont changées. Ces circonstances peuvent renaître, sous une forme ou sous une autre, et l'on cor tate alors l'utilité de ces anciens textes.

SECTION III

Les pièces d'identité[1].

Le moyen le plus simple, pour un individu, de justifier de son identité consiste à produire certaines pièces, dont l'autorité reconnaît la force probante, qu'elle se réserve ordinairement de délivrer elle-même, et dont elle rend, parfois, l'usage obligatoire. Ces pièces sont assez diver-

1. Lire l'intéressant travail de M. Rougier, sur les « Faux dans les pièces d'identité » (*Journal des Parquets*, 1906, p. 54, art. 173).

ses, mais elles se ramènent toutes à un type commun : elles doivent contenir les indications d'état civil nécessaires pour identifier la personne à qui elles sont délivrées et les indications signalétiques suffisantes pour qu'il soit facile de vérifier si leur porteur est bien leur légitime propriétaire.

Il est cependant certaines pièces utilisées comme pièces d'identité, mais qui ne contiennent aucune des indications que nous venons d'énumérer. Le type de cette catégorie est la carte d'électeur. Il ne saurait être question d'assimilation de ces pièces au passeport, car elles ne sauraient rien prouver quant à l'identité de leur porteur.

La question a été posée cependant devant la Cour de cassation : La Cour d'appel de Saïgon avait réprimé, par l'application des articles 153 et 154 du Code pénal, la falsification d'un reçu d'imposition produit par un indigène cochinchinois à l'appui d'une fausse déclaration d'identité[1]. La Cour de cassation eût pu se borner à constater qu'un reçu d'imposition ne rentre à aucun titre dans la catégorie des pièces susceptibles de se substituer au passeport, puisqu'il contient des mentions toutes différentes et qu'il ne signifie rien quant à l'identité de celui qui en est porteur, étant donné qu'il n'est interdit à personne de payer les impôts d'autrui. Elle a préféré faire résulter la cassation de ce que l'arrêt « ne constate pas qu'en Cochinchine les reçus d'impositions aient été assimilés au passeport par une disposition légale. Sans dis-

1. Arrêt Saïgon, 3 janv. 1891 ; Cass., 2 mai 1891, affaire Nguyen-Van-Kien (*Bul. crim.* 91, n° 105).

position de ce genre, les termes limitatifs de l'article 154 ne sauraient être étendus... »

Nous reprenons cette dernière proposition dans la conclusion de ce chapitre.

A une époque déjà éloignée, un tribunal, en acquittant un vagabond, avait cru pouvoir le renvoyer à sa commune d'origine, en ajoutant « qu'il lui serait délivré un extrait du jugement pour lui servir de passeport »[1]. Cette décision était absolument illégale. Il est certain que si le vagabond eût falsifié, d'une manière quelconque, l'extrait à lui remis, il n'aurait pas été possible de lui faire application des articles 153 et 154.

La question devient toute différente quand il s'agit, non plus de pièces quelconques, auxquelles, dans la pratique, on attribue certains des effets de l'ancien passeport dont elles diffèrent essentiellement, mais de titres présentant certains caractères d'authenticité et qui, quotidiennement, jouent le rôle du passeport auquel ils équivalent, tant par les mentions qu'ils portent que par les signatures qui les authentifient et que par les autorités dont ils émanent.

Nous voulons parler des cartes d'identité et du livret militaire.

Une pièce dont l'usage depuis une vingtaine d'années est devenu des plus fréquents est *la carte d'identité*. Les particuliers indiquent eux-mêmes leur état civil et leur signalement sur des imprimés qu'ils trouvent dans le com-

1. Cass., 23 juillet 1836; affaire Fauconnier (*Bul. crim.* 36, p. 246, n° 268).

merce, joignent leur photographie, leur signature, et font légaliser le tout, sur l'attestation de deux témoins, par le préfet, le maire ou le commissaire de police. Ces cartes sont devenues d'un usage si courant que certaines municipalités en ont frappé la légalisation d'une taxe, source pour elles d'importants revenus. Diverses administrations, telles que l'armée, certaines associations, telles que le barreau ou les associations d'étudiants, délivrent une carte d'un modèle analogue à leurs membres ou à leurs adhérents. Ces cartes, revêtues de la signature d'un des fonctionnaires ou officiers publics indiqués plus haut, prennent un caractère d'authenticité qui ne saurait leur être discuté.

On doit assimiler à ces cartes la pièce délivrée depuis quelques années, sous le même nom de *carte d'identité*, aux hommes de troupe pendant la durée du service actif par l'autorité militaire, en place du livret militaire qui n'est remis au titulaire qu'à sa libération, carte qui sert notamment pour obtenir, des compagnies de chemins de fer, le bénéfice de tarifs réduits. Cet avantage est suffisant pour que des civils peu scrupuleux, et nous avons personnellement vu le cas à plusieurs reprises, fabriquent de telles cartes.

Le livret militaire est délivré par le corps à tout homme libéré du service actif, et remis en mains propres à son titulaire qui ne doit pas s'en dessaisir, même momentanément, tant qu'il n'est pas entièrement libéré de ses obligations militaires. Il se compose essentiellement de deux parties : La première page, établie par les soins du recrutement, contient l'état civil exact et le signalement de l'homme auquel il est délivré; les pages suivantes portent, par les soins du corps auquel l'homme est affecté, ses états de services : affectations successives, campagnes, blessures, et aussi sa situation de famille et diverses notes d'ordre médical, etc...

Le livret militaire, dans sa première partie, fait preuve d'identité de la même façon que le passeport, dont il remplit souvent l'office. Dans sa seconde partie, il constitue une pièce de renseignements que consultent souvent les employeurs avant d'embaucher un employé.

Que faudra-t-il décider au cas d'une falsification du livret militaire dans sa partie signalétique ou d'une carte d'identité légalisée? Ces deux pièces ont, comme nous l'avons fait voir, un caractère indéniable d'authenticité. Leur rôle est, dans l'état actuel des mœurs, celui du passeport à l'intérieur. La fraude y apparaît de gravité égale.

M. Garraud enseigne[1] que la conservation du livret militaire « n'est garantie par aucune disposition pénale » et, plus loin, « qu'il y a, de ce chef, dans notre législation répressive, une lacune qu'il a été question de combler ».

Mais son opinion est critiquable, car elle aboutit à

1. GARRAUD, *op. cit.*, p. 276, n° 1464 *in fine*, et note 49. — M. Garraud essaie de montrer que le législateur partageait son avis, qui, en 1883, avait déposé un projet de loi tendant à ajouter à l'art. 161 une disposition punissant les altérations du livret militaire et l'usage d'un livret falsifié. Mais l'exposé des motifs déposé par M. Martin Feuillée prouve que le législateur ne s'est pas préoccupé de la question envisagée, mais visait le faux dans la deuxième partie du livret militaire qui, *a priori*, ne nous intéresse pas directement. Ce projet laissait impunie la fraude dans la partie signalétique du livret.

l'impunité de l'auteur de la fraude, et l'argument qu'il invoque n'a pas la valeur qu'il lui donne.

Nous devons signaler cependant que, depuis la publication du traité de cet auteur, les Chambres ont voté une loi du 16 juillet 1912, sur les professions ambulantes, créant pour les diverses catégories de « roulants » l'obligation, tantôt à une déclaration dont un reçu fait foi, tantôt à un carnet d'identité, dit « carnet anthropométrique », seules pièces admises à l'appui de leur identité[1]. Et l'article 5 de cette loi prévoit une peine correctionnelle contre ceux qui auront fabriqué ou falsifié soit un récépissé de la déclaration exigée, soit un carnet d'identité, et contre ceux qui auront fait usage de telles pièces.

Il semble donc que la manière de voir de M. Garraud soit celle du législateur de 1912 et que, *a simili* ou *a fortiori*, cette solution doive s'étendre aux autres titres objets de notre étude.

Mais ce système de l'impunité, nous l'avons montré, ne saurait nous satisfaire. Les altérations que nous étudions sont, sans équivoque possible, dans le cadre du faux. Tous les éléments constitutifs sont réunis, nous le verrons au cours de l'étude de ces éléments : l'altération de la vérité y est, puisque nous l'y supposons par définition; le préjudice social y résulte de la soustraction de l'auteur au contrôle de la police; l'intention du fraudeur ne peut être mise en doute. Les trois éléments nécessaires pour la qualification du faux coexistent.

La jurisprudence l'a formellement reconnu dans les diverses espèces qui lui ont été soumises :

1. Loi du 16 juillet 1912; *Lois et décrets*, 1912, p. 408.

Meyer, récidiviste désireux de dissimuler ses antécédents, avait pris, devant la justice, l'état civil d'un sieur Muller et produit, comme pièce d'identité, le livret militaire de Muller, après se l'être rendu applicable par la falsification des mentions du signalement relatives à la taille. Il fut condamné, en vertu de l'article 147 du Code pénal, et la Cour de cassation rejeta son pourvoi, affirmant ce double principe : 1° Le livret militaire, délivré par l'autorité militaire, est bien une pièce émanant d'une autorité publique, et sa falsification par un tiers constitue un faux, quand il porte sur une mention essentielle; 2° La mention du signalement se référant à la taille est une mention essentielle[1].

De même, la Cour de Bruxelles a déclaré que la fabrication ou la falsification d'une carte d'identité est sanctionnée par les articles 200 et 213 du Code pénal belge et constitue le crime de faux en écritures publiques[2].

Si l'on rapproche ces décisions des deux autres déjà étudiées en matière de permis de chasse et de reçu d'impôts[3], on constate que le système de la jurisprudence est bien arrêté; les dispositions de faveur des articles 153 et 154 sont exceptionnelles et doivent, à ce titre, être restreintes aussi rigoureusement que possible. Et, tandis que l'opinion de M. Garraud laisse impunis des actes répréhensibles, le système de la Cour de cassation frappe ces actes d'une pénalité absolument démesurée. Mais, en

1. Cass., 15 janv. 98, aff. Meyer (*S. et P.*, 1899, 1, 64; *Bul. Crim.*, 1898, p. 34, n° 19; M. P. c/arrêt Cour d'assises Puy-de-Dôme du 27 nov. 1897).

2. Bruxelles, 12 oct. 1921, *Revue de Droit pénal et de criminologie*, 1922, p. 1019.

3. Voir *supra*, p. 66.

définitive, les deux systèmes se rejoignent, car la jurisprudence ne peut maintenir sa règle qu'à la condition de ne point l'appliquer. Et il est fort curieux de constater, à côté de ce qu'elle proclame, ce qu'elle fait :

Le problème se présente chaque jour devant les tribunaux. Ceux-ci, au lieu de le résoudre, essaient de le tourner par diverses pratiques, telles que la correctionnalisation. Il arrive, en effet, le plus souvent, que la falsification d'une pièce d'identité soit la circonstance constitutive d'un autre délit, l'escroquerie par exemple. On considère, dans ce cas, que la fraude est incorporée à l'infraction définitive seule retenue et dont les peines sont appliquées. Il faut reconnaître que ces sanctions protègent suffisamment l'intérêt social et l'on constate, d'autre part, que l'inculpé n'en réclame pas d'autres. La solution est donc admise sans difficulté.

Mais cette solution n'est juridique que si l'on considère la fraude dans la pièce d'identité, ou comme un fait non punissable, ou comme un fait moins grave que celui qui est incriminé. Si elle constitue un fait plus grave, elle doit primer le second fait et déterminer la pénalité, car on se trouve dans un cas de *cumul idéal* d'infractions, et l'ensemble « doit être envisagé sous son expression la plus haute »[1]. Et si, pour des raisons quelconques, le prévenu n'accepte pas la correctionnalisation, il convient de considérer le problème de face. Parfois, aussi, la correctionnalisation est impossible par suite de l'im-

1. Rougier, Application de la théorie du cumul idéal à l'infraction qui forme la circonstance constitutive ou la circonstance aggravante d'une autre infraction; *Journal des Parquets*, 1905, I, 106.

possibilité où l'on est de déguiser le délit sous les apparences d'un délit voisin punissable. Dans tous les cas, les parquets préfèrent le plus souvent s'abstenir et classer l'affaire.

Ces pratiques judiciaires sont bien difficiles à défendre. La Cour de cassation s'en tient à l'expression *passeport* des articles 153-154 et n'ose même pas rechercher si, depuis cent ans, le sens de cette expression n'aurait pas subi quelque modification. Nous n'avons pas l'intention de préconiser l'extension de la loi pénale, et nous sommes respectueux de la règle : *nulla pœna sine lege*. Mais, interpréter un texte est une chose, et étendre sa portée en est une tout autre. Nous ne proposons pas d'incriminer des faits que ne prévoit aucun texte. Est-il besoin de faire violence à la logique pour admettre que dans le terme passeport se trouvent compris les titres qui contiennent les mentions du passeport, en ont l'utilité et en jouent le rôle, du consentement de tous? Et les tribunaux ne pourraient-ils tenir compte des nécessités sociales? Abandonnant la correctionnalisation, ils éviteraient toutes les difficultés qu'ils éprouvent à obtenir illégalement le résultat auquel, à notre sens, la loi conduit elle-même d'une façon toute naturelle.

Qui donc a fait une quelconque objection à l'application aux compagnies de chemins de fer des textes du Code de commerce relatifs au *voiturier* qui, dans l'esprit du législateur de 1807, ne pouvait être que le conducteur de pataches ou de diligences?

Et l'on a pu croire que la jurisprudence raisonnait ainsi lorsque, pendant la guerre, elle appliqua au sauf-conduit les articles 153 et 154, car toutes les raisons que l'on a invoquées pour légitimer cette assimilation valent pour toutes les pièces d'identité que nous étudions. Et cela eût été d'autant plus facile que, aujourd'hui, pour les citoyens belges et luxembourgeois, le passeport étranger est remplacé par une simple carte d'identité. Les tribunaux eussent pu s'enhardir et sévir dans ce cas à l'aide de ces articles. Et, ceci admis, ils n'eussent plus eu qu'un demi-pas à faire pour admettre la répression de toutes les fraudes dans les pièces d'identité qui jouent officiellement ou officieusement le rôle de passeport.

Section IV

La lettre d'appel.

L'étranger résidant en France et y travaillant dans l'agriculture, l'industrie ou le commerce peut faire venir sa famille sans que celle-ci ait à obtenir un passeport[1].

Il suffit, pour cela, que l'employeur certifie avoir à son service le demandeur, et qu'il atteste que celui-ci a les moyens de subvenir aux dépenses de sa famille et peut la loger.

Ce certificat doit être visé favorablement par le maire et le préfet, exceptionnellement par le ministre de l'Intérieur pour les sujets russes et arméniens.

Sur simple présentation de ce certificat, appelé « lettre ou certificat d'appel », la famille de l'émigré peut passer

1. Circulaire ministre de l'Intérieur du 2 août 1926.

la frontière et venir le rejoindre. Mais la liste des bénéficiaires est limitée aux parents, beaux-parents et enfants de moins de quinze ans de l'émigré.

Ce certificat de l'employeur tient donc lieu, pour les bénéficiaires de cette mesure, de passeport. Nous ne croyons pas cependant que les articles 153 et 154 lui soient applicables, car, si les signatures du préfet et du maire lui donnent un caractère d'authenticité, ce certificat ne contient pas les indications signalétiques qui sont de l'essence même du passeport.

Les fraudes tomberont plutôt sous le coup de l'article 161, car nous voyons dans cette pièce un « certificat propre à appeler la bienveillance du gouvernement sur la personne y désignée ». En fait, les fonctionnaires compétents ferment les yeux sur les fraudes fréquentes auxquelles donne lieu cette mesure de faveur.

SECTION V

Faux dans les pièces d'identité punis de peines correctionnelles prévues par des textes spéciaux.

I. — LIVRETS DES LIBÉRÉS DES TRAVAUX FORCÉS A TEMPS

Le décret du 29 septembre 1890[1], dans son article 2, édictait la création, pour tous les libérés des travaux

1. DUVERGIER, *Lois et Décrets*, 1890, p. 408; *Revue Pénit.*, 1890, p. 826.

forcés à temps astreints à la résidence, d'un livret destiné à assurer le contrôle de l'Administration.

Un nouveau décret du 18 septembre 1925[1], dans son article 6, prévoit encore que « tout libéré des travaux forcés astreint à la résidence reçoit, au moment de sa libération, un livret destiné à l'inscription de ses réponses aux appels, au contrôle de ses moyens d'existence et de ses résidences successives. Il doit présenter ce livret à toute réquisition des officiers de police judiciaire et des autorités désignées à cet effet par arrêté du gouverneur ». L'article 7 ajoute : « Dans les trois jours de son arrivée dans la localité où il fixe sa résidence, le libéré doit faire inscrire sur son livret, par l'autorité désignée à cet effet, par arrêté du gouverneur, la mention de son installation dans cette localité et du genre de travail auquel il compte se livrer pour assurer son existence. Au cas de changement de domicile, son départ est mentionné par l'autorité de la ville qu'il quitte; son arrivée, par l'autorité de sa nouvelle résidence. »

Dès la création de ce livret, des fraudes se sont produites et un décret du 31 décembre 1902[2] les réprime, que le décret de 1925 a laissé intact. Aux termes de ce décret, quiconque fabriquera un faux livret ou falsifiera un livret originairement valable, sera puni d'un emprisonnement de six mois au moins et de trois ans au plus (articles 1 et 2). L'article 3 de ce décret prévoit la connivence de l'officier public et la punit d'un emprisonne-

1. Duvergier, *Lois et Décrets*, 1925, p. 437.
2. Duvergier, *Lois et Décrets*, 1903, p. 8; *Revue Pénit.*, 1903, p. 123.

ment de deux à cinq ans. Mais ce décret ne vise que les faits qui se sont produits dans les colonies de la Nouvelle-Calédonie, de la Guyane et de Madagascar.

II. — Le carnet anthropométrique

La loi du 16 juillet 1912 vise les individus exerçant un petit commerce ambulant ayant domicile fixe, les artistes ambulants, tels que acrobates, chanteurs, musiciens, montreurs de phénomènes ou d'animaux, qui sont le plus souvent porteurs de pièces d'identité et dont la surveillance est relativement facile. Elle vise aussi, et surtout, les roulottiers ou romanichels et les chemineaux et trimardeurs de tout âge. Les roulottiers, véritables nomades, vivent et voyagent à travers la France dans des voitures le plus souvent misérables et traînées tantôt à bras, tantôt par des chiens, tantôt par des chevaux efflanqués; chacune de ces pauvres maisons roulantes renferme une nombreuse famille. Le chef de famille, ordinairement, a l'air d'exercer l'un des métiers suivants : vannier, rempailleur de chaises, etc., mais, en réalité, la famille vit surtout de la mendicité que pratiquent, du matin au soir, une longue théorie d'enfants et aussi, parfois, des femmes avec de tous jeunes enfants sur les bras, et de maraude, à laquelle s'ajoute souvent le braconnage du gibier et du poisson.

Les vieux chemineaux se disent « anciens ouvriers qu'on ne veut plus employer »; les jeunes et les valides, « ouvriers sans travail et qui en cherchent ». En réalité, tous vagabondent et, s'ils ont travaillé, ce n'est souvent que dans les prisons.

Les individus qui composent ces deux dernières catégories, et qui sont si redoutés des populations de nos campagnes, étaient, jusqu'à la loi du 16 juillet 1912, à l'abri des rigueurs du Code pénal.

Cette loi se base sur cette idée dominante que tout individu circulant habituellement sur les routes, qu'il soit commerçant ambulant ou nomade, devra justifier de son identité à toute réquisition des officiers de police judiciaire et des agents de la force publique.

Mais la preuve de cette identité se fera de façon différente, selon la catégorie à laquelle ces individus appartiennent.

Le législateur a estimé qu'il convenait de ne pas soumettre à une réglementation identique les ambulants qui exercent véritablement un commerce ou une industrie et les nomades proprement dits.

Les ambulants devront faire, à la sous-préfecture de leur domicile ou de leur résidence, une déclaration d'exercice de profession. Un récépissé leur sera délivré, et cette pièce leur tiendra lieu de pièce d'identité (article premier).

Les forains, sans domicile fixe, sont tenus de demander la délivrance d'un carnet spécial d'identité avec photographie à l'appui (article 2).

Les nomades doivent, comme les forains, être munis d'un carnet d'identité avec photographie anthropométrique, carnet qu'ils devront faire viser dans toutes les communes où ils séjourneront, par le commissaire de police, le commandant de la gendarmerie, ou le maire (article 3). Ce carnet anthropométrique est individuel. Toutefois, le chef de famille devra se munir d'un carnet collectif comprenant tous les membres de la famille. Les mentions à porter sur ces carnets comporteront notamment l'état civil et le signalement de toutes les personnes voyageant avec le chef de famille, ainsi que les liens de droit ou de parenté le rattachant à chacune de ces personnes (article 4).

Et l'article 5 de cette loi prévoit une peine correctionnelle contre « ceux qui auront fabriqué soit un faux récépissé de la déclaration prévue à l'article 1er, soit un faux carnet d'identité; ceux qui auront altéré ou falsifié soit un récépissé, soit un carnet d'identité originairement valable, ou qui auront sciemment fait usage d'un récépissé de déclaration ou d'un carnet d'identité fabriqué, altéré ou falsifié ».

L'article 6 continue en déclarant coupables d'un délit « tous individus qui, pour obtenir soit le récépissé de déclaration prévu à l'article 1er, soit le carnet d'identité prévu par les articles 2, 3 et 4, auront pris un nom supposé, quand même cette supposition de nom n'aurait pas pour effet de faire inscrire une condamnation au casier judiciaire d'un tiers réellement existant ».

TITRE II

Éléments constitutifs du délit

La série de faux que nous étudions n'est punissable, nous l'avons dit, que sous les conditions du crime de faux. Il faut, pour que ces faits constituent un délit, une altération de la vérité de nature à causer un préjudice et exécutée avec intention coupable.

Mais, dans ces faux, le préjudice et l'intention criminelle prennent un caractère approprié à la nature de l'acte fabriqué ou falsifié, sauf de très rares exceptions. Le préjudice n'est plus, comme dans le faux criminel, le dommage plus ou moins considérable qui atteint, effectivement et directement, soit le corps social dans son ensemble, soit dans l'un de ses membres dans son individualité; le dessein de nuire, ce n'est plus la pensée de compromettre l'un ou l'autre de ces graves intérêts. Non, il s'agit de dommage moins sérieux et de dessein de nuire moins coupable; et c'est d'ailleurs parce que la loi en pense ainsi, qu'elle punit ces faux avec moins de sévérité que les faux en écriture proprement dits.

Et c'est aussi à cause de ces différences que, au lieu de renvoyer aux ouvrages traitant les conditions générales du faux en écriture, nous nous voyons contraints à étudier, longuement même, les éléments constitutifs des délits des articles 153, 154, 155 du Code pénal. Ces trois éléments dominent, en effet, toute notre matière, et, au cours des chapitres suivants, nous verrons plusieurs difficultés s'applanir par leur application.

CHAPITRE PREMIER

L'intention criminelle.

Dans toute législation qui fonde le droit de punir sur la responsabilité morale, l'infraction n'existe pas, si on ne rencontre pas, chez son auteur, la volonté de la commettre. Pour vouloir, il faut être libre, et la liberté comporte bien des degrés. Celui qui agit en dehors de toute contrainte morale ou physique est libre sans doute, encore que, par sa négligence, il ne se rende pas compte des conséquences de ses actions; mais il l'est infiniment moins que celui qui, au moment où il manifeste sa volonté, juge exactement de leur portée possible. Lorsqu'un acte tombe sous le coup de la loi pénale, il ne saurait donner lieu à une peine si son auteur ne jouissait pas, lors de son accomplissement, de cette liberté rudimentaire.

Mais il y a plus. La plupart des délits supposent toujours, outre l'absence de contrainte, une pleine intelligence du caractère immoral qui justifie leur répression. On a très bien exprimé la différence qui permet de distinguer ces deux états psychologiques chez l'auteur de l'infraction quand on a dit : « La faute, toujours nécessaire pour qu'il y ait culpabilité, est tantôt intentionnelle, tantôt non intentionnelle[1]. » La faute non intentionnelle, c'est la simple négligence; quand elle est punissable, la répression a pour but, non pas d'agir directement sur la volonté, mais de tenir l'attention en éveil par la menace d'une peine.

La faute intentionnelle suppose une personnalité en révolte contre la loi, la sanction tend à intimider un agent réfractaire aux prescriptions de la morale et de la raison.

Le crime suppose toujours un usage pervers de la liberté. Aussi, le délit des articles 153 et 154, comme le crime de faux auquel il est assimilé, quant aux conditions d'existence, suppose, sans qu'il soit besoin de le démontrer, l'intention de le commettre, c'est-à-dire une volonté accompagnée de la pleine connaissance de la gravité de l'acte et du préjudice qu'il peut causer[2]. L'auteur connaît la prohibition de la loi, sciemment et volontairement, il passe outre : en notre matière spéciale, il fabrique un passeport ou il fait usage d'un faux passeport; les deux faits sont interdits, il le sait, peu lui importe. La simple exécution, le seul fait matériel emporte la preuve de l'intention. Mais cette intention est-elle suffisante pour que toutes les conditions de ce délit soient réunies et ne doit-on pas tenir quelque compte aussi des motifs qui ont pu guider le faussaire?[3]. C'est à cette question que l'on répond, lorsqu'on dit que l'intention

1. GARRAUD, *Précis de D. criminel*, p. 208.
2. CHAUVEAU et HÉLIE, tome II, p. 497.
3. Voyez, sur la distinction de l'intention et des motifs : GARRAUD, p. 209; G. VIDAL et J. MAGNOL, *op. cit.*, p. 182, n° 125, et note 2.

doit être frauduleuse. Et tous nos auteurs sont d'accord avec la jurisprudence pour dire que, outre l'altération de la vérité et la possibilité du préjudice, il est encore nécessaire de rencontrer une intention frauduleuse pour que les peines des articles 153 et 154 soient applicables[1].

Quel est donc le motif qui rend l'intention frauduleuse? La plupart des auteurs enseignent que le motif coupable réside dans l' « intention de nuire à autrui ». Cette expression figure dans quelques arrêts. Mais cette analyse est inexacte parce qu'incomplète : elle suppose que le faussaire se place au point de vue de la personne à laquelle il peut nuire. Or, le plus souvent, toujours même, il n'en est rien. Le falsificateur, dans notre cas, n'opère pas sa fraude pour porter atteinte à l'intérêt public, et, ce motif faisant défaut, il échapperait à la répression. Bien au contraire, il se place à son point de vue personnel, subjectif; il commet le faux sans vouloir nuire à personne. Son but est uniquement de « se procurer à lui-même ou de procurer à d'autres des profits, des avantages illicites »[2] : il fabrique un faux passeport ou use d'une telle pièce pour échapper à la surveillance de la police dont les investigations pourraient déranger ses projets. Agir dans ce but, c'est commettre frauduleusement le fait matériel incriminé. Mais agir dans un but autre, quel qu'il soit, reste en dehors du domaine d'application

1. Garraud, tome IV, p. 169; Chauveau et Hélie, tome II, n° 661; Blanche, tome III, n° 547; *Du faux*, par un président d'assises, p. 7; Cass., 25 nov. 1819; *B.*, p. 125, Paris, 10 mars 1830 (*J.C.* 1830, p. 135).

2. Goyet, *Précis de droit pénal spécial*, p. 158.

des articles 153 et 154[1]. Certains objecteront[2] que la loi n'a dit, nulle part, que le passeport doit avoir été falsifié « pour se dérober aux recherches de la police ». En effet, elle ne dit pas cela expressément, mais cela résulte implicitement de son exigence : elle veut une intention *frauduleuse,* sinon toute fabrication, toute falsification d'un passeport doit être punie, *ipso facto,* sans pousser plus loin les investigations. C'est là une erreur.

La nécessité de l'intention frauduleuse admise, nous devons établir à qui en incombe la preuve. A défaut d'exigence contraire de la loi et de précisions dans les travaux préparatoires, nous devons appliquer le vieux brocard de procédure civile, « *actori inumbit, probatio* ». Garraud, cependant[3], admet la présomption, avec preuve contraire possible de l'inculpé. Mais il nous semble que ce savant auteur propose une règle bien osée. D'ailleurs, la jurisprudence de la Cour de cassation est nettement contre lui, qui dit que, si l'intention frauduleuse ne ressort pas de l'information, l'inculpé doit être renvoyé des poursuites. Mais pour que, dans ce cas, la décision soit inattaquable, il faut qu'elle déclare, d'une façon absolue, qu'aucune intention de fraude n'a présidé à l'usurpation de nom. Si elle ne s'expliquait qu'incomplètement, elle ne serait pas à l'abri de la censure de la Cour de cassation, comme il a été jugé dans l'affaire Lam-

1. Garraud, tome IV, p. 250, note 9; Voyez cependant : Blanche, t. III, page 551, n° 269.
2. Chauveau et Hélie, tome II, p. 498, note 1.
3. Garraud, tome IV, p. 225.

bert[1] : la Cour d'Alger avait relaxé un sieur Lambert, inculpé d'avoir pris dans un passeport le nom de Laroche-Lambert, attendu « qu'on ne pouvait lui attribuer l'intention de se soustraire aux investigations de l'autorité publique, puisqu'il avait indiqué un nom sous lequel, depuis quelques années, il était généralement connu ». Sur appel du ministère public, la Cour de cassation casse la Cour d'Alger, mais pour avoir omis de préciser que Lambert n'avait pas eu l'intention de soustraire à la surveillance la partie de sa vie antérieure à la prise de son pseudonyme. Au contraire, la Cour de cassation eût-elle confirmé l'arrêt si cette intention négative eût été indiquée.

Cette distinction de l'intention et des motifs et la conclusion à la nécessité de ces deux éléments ayant établi des bases de discussion nettes et fermes, nous pouvons examiner une décision jurisprudencielle, qui, étudiée par tous nos criminalistes, approuvée par certains, critiquée par d'autres, a été la source de controverses dont elle a tiré une certaine célébrité.

Le desservant d'une paroisse, l'abbé Niel[2], avait quitté sa résidence en enlevant une femme. Pour cacher sa qualité de prêtre, au cours de sa fugue, il altéra le passeport qui lui avait été délivré en substituant à la qualité de *desservant* celle d'*habitant* de la commune de X...

Traduit, en raison de ce fait, devant la juridiction

1. Cass., 11 novembre 1859 (*B. crim.*, n° 243) ; BLANCHE, tome III, p. 559; GARRAUD, t. IV, p. 255, note 19; CHAUVEAU et HÉLIE, t. II, p. 499.
2. Cass., 11 oct. 1834 (*B.* n° 349; *Jour. du dr. crim.*, 1837, p. 260).

correctionnelle, le Tribunal de Montauban et la Cour de Toulouse le relaxèrent successivement en déclarant : « Qu'en altérant son passeport, le prévenu n'avait cédé qu'à un sentiment de honte légitime, et que rien ne prouvait que, par cette altération, il se fut proposé de nuire à quelque intérêt privé ou à l'intérêt public. » Mais sur l'ordre du ministre de la Justice, le procureur général de la Cour de cassation se pourvut contre cette décision. Après avoir exposé, dans son réquisitoire, les faits cités, il continue en ces termes : « La Cour royale de Toulouse, en refusant d'appliquer au fait qui lui était dénoncé l'article 153 du Code pénal, nous paraît avoir confondu le faux en écriture authentique ou privée puni de peines afflictives et infamantes, avec la falsification ou l'altération d'un passeport, qui n'est qu'un délit correctionnel, et que la loi a placé dans une catégorie particulière. Si, dans le premier cas, pour qu'il y ait faux punissable, il est nécessaire qu'il y ait fraude et intention de nuire, il suffit, pour donner lieu à l'application de l'article 153, que la falsification ou l'altération d'un passeport ait été faite sciemment, lors même qu'on n'aurait eu d'autre but que de tromper l'autorité sur sa position ou sa qualité; autrement, il serait trop facile aux hommes dangereux de se soustraire à toute surveillance. La Cour royale, en refusant d'appliquer les dispositions de l'article précité à un fait qu'il prévoit formellement, et dont elle avait reconnu l'existence, a évidemment violé le dit article. La Cour annule l'arrêt de la Cour de Toulouse, « attendu « que l'arrêt attaqué reconnaît, en fait, qu'il y avait

« eu falsification ou altération d'un passeport, que ce « fait constituait le délit prévu par l'article 153 du « Code pénal et suffisait pour motiver la mise en pré- « vention. »

De ce réquisitoire et de l'arrêt de la Cour de cassation qui l'approuve, on peut induire que toute altération matérielle, même dénuée de toute intention et de toute possibilité de nuire, *a fortiori* de toute volonté d'échapper à la surveillance de la police doit, dès qu'elle est commise sur un passeport, constituer un délit. Or, c'est poser le principe faux, contraire au Code pénal, qu'il y a délit sans qu'une *intention frauduleuse* soit jointe au fait matériel qui n'est, nous l'avons vu, qu'un des éléments nécessaires à l'existence de ce délit. Si, en effet, dans l'affaire Niel, il existait une altération, elle avait été commise par le prévenu, non pour se soustraire aux recherches de la police, mais pour voiler, aux regards du public, une conduite immorale. Un élément indispensable du délit, *l'intention frauduleuse*, faisait donc défaut, et l'altération qui, seule, subsistait devait échapper à toute répression.

Le procureur général reconnaît, dans son argumentation, que le faux en écriture authentique ou privée nécessite la fraude pour être punissable, mais il prétend qu'il n'en doit pas être de même pour l'application de l'article 153 du Code pénal qui n'exige, selon lui, que le fait matériel de la falsification ou de l'altération. Il est permis de se demander à quelle source ce haut magistrat a puisé cette règle. Il se garde d'indiquer ses références, et pour cause. Il suffit de se reporter à l'historique du délit de falsification de passeport pour voir qu'il est dans l'erreur : à l'origine, qualifiée crime et englobée dans la théorie générale du faux, par une série de réformes qui virent leur aboutissement dans le Code pénal de 1810, la falsification des passeports fut détachée du crime de faux, devint simple délit, mais les auteurs du Code pénal laissèrent les faux passeports dans le chapitre « du Faux », indiquant bien, par ce fait, leur volonté d'exiger pour ce délit les mêmes conditions d'exigence que pour le crime.

Comment donc le Procureur général peut-il prétendre qu'il en est différemment? Il donne comme justification qu' « autrement il serait trop facile aux hommes dangereux de se soustraire à toute surveillance ». Cette raison, excellente en soi, ne lui permet pas d'aller à l'encontre de la loi, d'interprétation stricte en matière pénale, et qui d'ailleurs obtient le même résultat avec ses principes : elle exige *l'intention frauduleuse*. Or, la fraude, nous l'avons montré dans notre analyse, consiste à vouloir s'affranchir de la surveillance de la police. Tout falsificateur qui agit dans ce but, par conséquent chacun de ces hommes dangereux dont parle le procureur général, doit être puni, et le sera à l'aide des seuls principes du Code pénal, sans qu'il soit besoin de les modifier et de mettre de la confusion là où il n'y a que de la logique.

Revirement de jurisprudence, « Affaire Lambert ». — Quelques années plus tard, la Cour de cassation, dans l'affaire Lambert que nous avons déjà exposée[1], est revenue sur sa première décision, cassant l'arrêt de la Cour d'Alger, « attendu que l'infraction à la loi, qui résultait du fait incriminé, ne pouvait perdre l'un des éléments constitutifs du délit qu'autant qu'il aurait été déclaré, dans un sens absolu, qu'aucune intention de fraude n'y avait présidé; mais que l'arrêt attaqué n'établit pas que le prévenu n'eût pas l'intention de cacher à l'autorité une partie de sa vie passée; qu'il avait pu tromper, sous ce rapport, la surveillance publique; qu'il l'avait fait sciemment, et que, dès lors, on retrouvait dans le fait incriminé tous les caractères du délit prévu par l'article 153. »

L'arrêt d'Alger n'eut donc pas été cassé, s'il avait purement et simplement écarté l'intention frauduleuse, au lieu de limiter cette absence d'intention à quelques années seulement.

La Cour de cassation contredit donc expressément sa précédente jurisprudence, rentrant dans la voie de l'application stricte de la loi dont elle s'est écartée un instant à la suite de son procureur général.

Forme du jugement. — Enfin, d'une dernière décision[2] de la Cour suprême, il résulte que, si les juges doivent, pour condamner, constater l'intention du falsificateur, cette constatation résulte, *ipso facto*, de la formule même qui déclare l'inculpé *coupable d'avoir*, à......

1. Voir *supra*, p. 89, *in medio* et note 1.
2. Cass., 9 février 1844, affaire Deruelle (*S.*, 44, 1, 560); *D.J.G.*, v. faux, n° 365.

La déclaration de la culpabilité d'un inculpé suppose qu'on a constaté l'existence et la réunion, dans son acte, de l'élément de fait et de l'élément intentionnel. Le jugement de condamnation ne peut être attaqué sur le motif que le condamné n'y est pas expressément déclaré avoir agi dans une intention frauduleuse.

CHAPITRE II

Le préjudice.

1° Généralités :

Le préjudice et sa nécessité

Le législateur ayant puni dans les faux qui nous occupent, la création ou l'altération d'une preuve[1], il en résulte implicitement que la loi cesse d'être applicable lorsque la preuve ne peut produire son effet, c'est-à-dire ne peut causer de dommage.

C'est d'ailleurs un principe général et universellement admis, que les peines sont édictées seulement pour prévenir les actes nuisibles à d'autres qu'à leurs auteurs : un fait sans conséquences dangereuses possibles pour autrui ne saurait, nulle part, faire l'objet de dispositions répressives. On peut donc dire, *a priori*, que le délit de fabrication ou de falsification des pièces qui nous occupent n'existe pas là où le préjudice ne peut pas se rencontrer.

Aucune hésitation n'est possible en présence de l'ar-

1. Preuve de l'identité dans le passeport; preuve du paiement de droits dans le permis de chasse.

ticle 162 du Code pénal. Ce texte, placé à la fin de la section où il est traité des faux en écriture punis de peines correctionnelles, a, nous l'avons vu, une portée générale. Il est conçu en ces termes fort clairs : « Les faux certificats de toute autre nature, *et d'où il pourrait résulter soit lésion envers les tiers, soit préjudice envers le Trésor public*, seront punis, selon qu'il y aura lieu, d'après les dispositions des paragraphes 3 et 4 de la présente section. »

2° Préjudice éventuel

Les difficultés ne portent pas sur la nécessité de cette condition; elles surgissent quand il s'agit de préciser quels caractères doit réunir ce préjudice pour devenir un élément constitutif de l'infraction qui nous occupe.

Est-il nécessaire que le préjudice soit inévitable, et, s'il n'est qu'éventuel, les poursuites criminelles seront-elles impossibles? Tout le monde est d'accord pour reconnaître que la possibilité du dommage satisfait pleinement aux exigences de la loi, et la lecture de l'article 162 suffit à le démontrer. Ce texte parle, en effet, de faux certificats d'où il *pourrait* résulter préjudice. Le principe ne saurait être plus clairement formulé; mais il importe d'en bien comprendre la valeur. Le faux passeport n'est, par lui-même, un acte nuisible; ce qui est toujours nuisible, c'est l'usage de la pièce falsifiée : un individu fabrique un faux passeport, pour exercer son talent, pour voir l'habileté dont il est capable. Son acte ne paraît pas nuisible si son intention se borne là, s'il veut aussitôt le déchirer et n'en point faire ou laisser faire usage. Il y aurait impunité dans ce cas, mais par suite du défaut d'intention, mais non de préjudice; car, lorsqu'on dit que le préjudice éventuel suffit pour qu'il y ait lieu d'appliquer les articles 153 et 154, on ne se réfère nullement à la distinction qui existe entre la fabrication ou l'altération d'une pièce et l'usage que l'on en fait. Le dommage éventuel est celui qui ne résulte pas nécessairement de l'usage de la pièce fausse, parce qu'il suppose, pour se réaliser, des circonstances indépendantes de la volonté du faussaire. Dans notre exemple précédent, le préjudice n'est pas réalisé, mais cependant il existe, il est éventuel : si avant de détruire son faux, l'auteur vient à le perdre, le passeport peut tomber entre les mains d'une personne qui s'en servira, ou si, changeant d'intention pour un motif quelconque, il le livre à un individu qui veut en faire usage, le préjudice se réalise ou, du moins, a des chances de se réaliser.

Le préjudice, dans ce cas, ne résulte pas nécessairement de l'usage de la pièce fausse, il est simplement éventuel, mais néanmoins suffisant, aux termes de la loi, pour permettre des poursuites correctionnelles.

3° Cas où l'acte falsifié est nul ou sans valeur en France

Mais si nous abandonnons notre exemple, et si nous supposons un passeport ou un permis de chasse faux, pourra-t-on incriminer le faux ou son usage si la pièce falsifiée est nulle?...

En présence d'un faux criminel, certains auteurs[1] arrivent à punir la falsification d'un acte nul en faisant appel à la *théorie du crime impossible* : Si un préjudice peut, malgré la nullité qui l'infecte, résulter de l'acte, il y a faux. Si aucun préjudice ne peut s'ensuivre, l'auteur n'ayant pas prévu ce hasard, il doit encore être puni, on est en présence de l'intention de causer le préjudice, manifestée par des actes d'exécution. C'est ce que la loi punit comme *tentative*.

En présence d'un faux correctionnalisé, cette théorie n'est pas soutenable, car la tentative n'est pas punissable. Si donc, aucun préjudice ne pouvait résulter de l'acte, il n'y aura pas délit. Les tribunaux ont alors à trancher une question de fait plutôt qu'une question de droit.

Ainsi, sur un permis de chasse délivré à un tiers, un individu commet diverses altérations et se le rend applicable. Mais le permis de chasse est périmé, il omet de changer de date. S'il le produit comme justification de son droit de chasse, il ne cause pas de préjudice : la pièce qu'il présente est sans valeur. Si, au contraire, il le présente, en dehors de toute action de chasse, comme simple pièce d'identité, le préjudice sera possible. Si nous reprenons l'affaire Michell Elsa[2], nous constatons que le passeport allemand que portait l'inculpée n'avait aucune valeur en France. Il n'en aurait pris une que du fait du visa par un fonctionnaire français. Or, si la dame Michell avait commis sa falsification avec l'intention de

1. Garçon, art. 145, n° 225.
2. *Supra*, pp. 46 et suiv.

faire apposer ce visa, pour des raisons qui importent peu, elle ne s'est pas rendue chez le fonctionnaire compétent. Elle n'a pas cherché à suppléer au visa en commettant un faux. Elle est entrée en France. Le Trésor français avait-il subi un préjudice?

A cette question nous répondrons en demandant si l'étranger qui est surpris en France sans passeport a causé un préjudice? Tout le monde est d'accord pour dire que non. Or, la dame Michell devait être, sur ce point, assimilée à cet individu et subir le même traitement que lui, c'est-à-dire être refoulée.

4° Des deux sortes de préjudice

L'article 162 du Code pénal parle de « lésion envers les tiers, ou de préjudice envers le trésor ». De lésion envers les tiers, il semble qu'il n'en puisse résulter des faits qui nous occupent. Cela est vrai si l'on prend les tiers individuellement, mais la lésion peut apparaître si on les considère dans leur universalité, c'est-à-dire dans la société qui les englobe.

Au premier abord, on ne comprend pas cette antithèse, en apparence sans portée, résultant de la rédaction de l'article 162, entre cette *lésion envers les tiers* (ou la société) et le *préjudice envers le Trésor* (bien de la société). Cette distinction est pourtant basée sur les conditions qui doivent caractériser le préjudice, et tend à montrer que le préjudice, élément constitutif du délit, existe, quelle que soit celle des deux formes sous lesquelles il peut se présenter, qu'il soit matériel ou moral[1].

Le préjudice moral ou social consiste dans l'atteinte portée au pouvoir de contrôle de l'Etat dont la juste surveillance est ou peut être éludée par suite de la falsification[2]. Ce préjudice est à peu près le seul à considérer dans la fabrication des passeports, dont le but n'est pas la perception d'une taxe, comme les permis de chasse, et qui sont souvent délivrés gratuitement. Le préjudice moral se trouve indiscutablement dans les substituts du passeport : livret militaire, carte d'identité. Il y résulte, comme précédemment, de ce que le fraudeur se procure un moyen de fausser un contrôle que la société juge nécessaire dans un intérêt d'ordre public.

De la définition fournie, nous pouvons déduire que la notion du préjudice moral est une notion contingente, susceptible de plus ou de moins, suivant les époques, de telle sorte que les mêmes fraudes paraîtront tantôt inoffensives, tantôt répréhensibles. Elle dépendra des idées de l'époque sur les droits de l'Etat à la surveillance des citoyens. Durant presque tout le XIXe siècle, subsista la tradition de la police administrative qui devait « envelopper » les particuliers à chaque moment de leur existence, afin de « prévenir les crimes par une prévoyance utile et des mesures salutaires[3] ». De cette idée exacerbée

1. Garçon, *Code pénal annoté*, art. 153, A., n° 12.
2. Chauveau et Hélie, t. II, p. 497, n° 740; Blanche, t. III; p. 551, n° 269; Garraud, t. IV, p. 187, n° 1398; Garçon, art. 153, A., n° 12.
3. Rougier, *La liberté individuelle et les pouvoirs judiciaires de l'Administration.* (*Journal des Parquets*, 1901, p. 213.)

naquit l'obligation au livret d'ouvrier, supprimé dès 1890, car, bien avant cette époque et surtout au commencement du XXe siècle, les idées d'indépendance et de respect de la liberté individuelle prévalurent, et les esprits s'insurgeaient à la pensée d'une immixtion quelconque de l'Etat dans une vie exempte d'actes délictueux. Cependant, la guerre entraîna l'usage du sauf-conduit, admis sans difficulté par tous les esprits, même les plus indépendants, comme une nécessité de l'heure. De nouveau, aujourd'hui, nous dispensons volontiers l'Etat de s'inquiéter de nos tendances, de nos opinions, de nos actes non délictueux.

Le préjudice matériel. — Comme nous l'avons fait observer, les permis de chasse se distinguent des autres titres du groupe par la prédominance en eux du caractère matériel du préjudice qui consiste à priver le fisc d'une perception régulièrement due, lorsque le faux résulte de la fabrication de toutes pièces, ou porte sur la date de la délivrance. Le Trésor est lésé de la somme de 96 francs représentant le montant du permis de chasse; le préjudice est même double en ce sens que, de plus, la commune où le permis a été délivré est lésée de vingt autres francs.

Les deux sortes de préjudice se trouvent réunies dans la fabrication des passeports non délivrés gratuitement.

CHAPITRE III

L'altération de la vérité.

L'élément matériel du délit prévu par l'article 154, le *corpus délicti*, est constitué par l'altération de la vérité dans les pièces diverses que nous avons passées en revue, altération portant sur des faits que ces pièces avaient pour but de constater et commise par un des procédés prévus par la loi.

Les plus grosses difficultés soulevées par notre étude sont presque toutes relatives à cet élément constitutif du délit. Il semble même que si le législateur n'a prononcé nulle part le mot d'altération de la vérité, tout en laissant entendre, d'une manière qui ne permet pas de doute, que c'est bien là le caractère essentiel du faux, c'était pour éviter une formule, d'autant plus inexacte, que lui-même ne discernait peut-être pas très clairement les principes de la matière. En un pareil sujet, moins encore que dans tout autre, les règles ne sauraient être arbitrairement déterminées : elles doivent toujours être en parfait accord avec l'esprit général qui a présidé à l'élaboration des autres parties de la loi. Et bien que cela puisse paraître parodoxal, la tâche qui incombe aujourd'hui aux commentateurs étant surtout un travail de synthèse, nous l'estimons relativement aisée, grâce aux différentes hypothèses qui se sont présentées en pratique.

D'un examen général de la jurisprudence il résulte, suivant nous, que les conditions dans lesquelles doit se produire l'altération de la vérité se ramènent à deux catégories. Les unes sont nécessaires, quel que soit le procédé matériel employé pour commettre le délit; pour les autres, il importe de distinguer entre le faux intellectuel et le faux matériel, et même, dans certains cas, la solution n'est pas la même si le crime a été commis par un simple particulier ou s'il est l'œuvre d'un officier public.

L'étude de ces conditions formera la partie la plus importante de ce chapitre; nous la réservons pour la fin. Nous étudierons, en premier lieu, les conditions générales, qui sont au nombre de deux : il faut que le mensonge se traduise par une écriture, et qu'il porte sur un fait que l'écrit falsifié avait pour but de constater.

SECTION I

Conditions générales de l'altération de la vérité.

La loi exige, en notre matière, qu'il y ait un mensonge qui se traduise par une écriture. Nous devons admettre le mot écriture dans son sens large, embrassant non seulement l'écriture proprement dite, tracée par la main de l'homme, mais aussi les caractères obtenus à l'aide de procédés mécaniques, tels que l'impression avec toutes ses variétés (sceaux et timbres).

Il semble, lorsque nous faisons allusion aux sceaux, que nous invoquons un cas tout à fait théorique et que toute falsification de sceau doive nécessairement suivre une fabrication de passeport ou autre; mais il faut prévoir le fait d'un étranger muni d'un passeport délivré par les autorités de son pays d'origine et qui, pour passer sur un territoire autre, falsifie seulement le visa nécessaire.

L'écriture, nous le verrons plus loin, ne doit pas être forcément l'œuvre de l'auteur du faux; elle peut être celle de l'officier public qui rédige la pièce sur fausses déclarations.

L'altération de la vérité doit porter sur un fait que l'écrit falsifié avait pour but de constater.

Si l'on essaie de pénétrer le sens de cette formule, on arrive à une proposition équivalente, mais plus claire : les faits que les divers écrits ont pour but de constater sont ceux que ces mêmes écrits ont la force de prouver. Nous examinerons dans notre seconde section, en étudiant les divers procédés de faux, quelles sont ces mentions essentielles et celles qui ne le sont pas. Nous nous bornons au passage à rappeler l'intérêt que présente cette discrimination dans la possibilité d'assimilation des diverses pièces d'identité au passeport.

SECTION II

Conditions spéciales de l'altération de la vérité.

Les différentes hypothèses de faux peuvent, dans les passeports, permis de chasse, etc., comme dans le faux en général, se ramener à deux types principaux : le faux matériel et le faux intellectuel. Il est à noter que cette distinction offre un grand intérêt pratique au point de vue de la sanction. En notre matière, les peines varient suivant la nature du faux et aussi, il est vrai, suivant la qualité de l'auteur du délit; mais le procédé qui a servi à perpétrer le faux n'est pas pris en considération par la loi.

I. — LE FAUX INTELLECTUEL

Le faux intellectuel est celui qui ne suppose ni une falsification ni une contrefaçon d'écriture ou de signature, ni l'altération matérielle d'un écrit déjà existant, en un mot, qui ne porte pas matériellement sur l'écriture. Il résulte d'une fausse déclaration à l'officier public chargé de la constater par écrit, pour le comparant, ou dans l'attestation de cette déclaration, pour les témoins, ou, quand on est cet officier public, dans le fait de constater le contraire de ce qu'on a vu et entendu. L'altération porte sur le contenu, la substance de l'acte. Elle est consommée au moment de la rédaction de l'acte et ne laisse pas de traces matérielles.

Ce genre de faux est prévu par l'article 154 du Code pénal qui édicte une pénalité contre quiconque aura pris, dans un passeport ou un permis de chasse, un nom supposé, ou aura servi de témoin pour la rédaction d'un tel acte, et aussi par l'article 155 qui vise la faute du fonctionnaire.

1° *Faux par fausse déclaration à l'officier public.*

La peine prévue s'explique rationnellement, l'officier public n'étant qu'une sorte de secrétaire en qui le législateur a une confiance absolue et qui rédige les actes qu'il doit délivrer d'après les dires des déclarants et les affirmations des témoins.

Toute déclaration fausse faite dans la rédaction d'un passeport ou d'un permis de chasse n'est pas un faux, même si elle constitue une preuve, un moyen d'identification de son titulaire :

L'article 154 ne parle que de faux intellectuel par supposition de nom, car ce texte, en incriminant un mode de faux intellectuel, a, par cela même, exclu tous les autres[1]. Et cependant certains de ces autres modes peuvent être aussi préjudiciables, dans leur résultat, que la supposition de nom.

a) *Faux prénom.* — Poussé par cette idée, M. Garçon[2] croit que le texte de l'article 154 est assez large pour comprendre le prénom supposé.

M. Garraud ne prévoit pas spécialement cette fraude,

1. GARRAUD, t. IV, p. 249, n° 1450; CHAUVEAU et HÉLIE, t. II, p. 502, n° 745; BLANCHE, t. III, p. 560, n° 277.
2. GARÇON, art. 153, A. n° 9.

mais lorsqu'il dit, en parlant du nom supposé : « en spécifiant ce procédé de faux intellectuel, la loi paraît bien exclure tous les autres », il enrobe dans le mot « *tous* » la supposition de prénom. En revanche, Chauveau et Hélie affirment que, pour eux, « si la supposition portait seulement sur les prénoms, elle échapperait à son application » (article 154); et ces auteurs continuent en disant que « cette distinction est fondée sur ce que la fausseté des prénoms n'est point un obstacle aux recherches de la police et n'offre point, dès lors, les mêmes inconvénients que l'altération elle-même ». Nous nous rangeons à l'opinion de ces auteurs, sans toutefois admettre de façon absolue la raison qu'ils invoquent. A notre avis, cette opinion doit être adoptée, car, sinon, on perd tout critérium permettant d'établir nettement la portée de l'article 154 : où commencera et où s'arrêtera son domaine d'application? Si l'on y fait entrer le prénom, pourquoi n'y pas faire entrer les autres mentions considérées comme tout aussi essentielles dans un passeport : l'âge, les qualités, par exemple? Sans affirmer que la supposition de nom ne met pas d'obstacle aux recherches de la police, nous devons reconnaître qu'elle les facilite souvent; mais, pour tant que l'inconvénient existe, il n'est pas absolu : un individu n'est pas forcément différencié d'un autre par son prénom. Il existait, paraît-il[1], aux sommiers judiciaires, en 1899, quarante mille fiches au nom de Martin; il n'est pas téméraire de penser qu'il y a dans ce nombre quelques centaines de Martin (Henri)

1. Saint-Aubin, *op. cit.*, p. 44.

ou de Martin (Eugène), qu'on ne peut distinguer entre eux que par l'indicateur de leur lieu de naissance. Cette sélection faite, il restera certainement quelques dizaines de Martin (Henri) nés à Paris; pour savoir auquel on a affaire, il faudra recourir aux indications d'âge et de profession. Henri Martin, de Paris, âgé de 34 ans, et couvreur, usurpera donc l'identité de son homonyme Henri Martin, de Paris, âgé de 34 ans, et ébéniste, en faisant une fausse déclaration de qualité.

En résumé, deux procédés extrêmes sont seuls admissibles : ou incriminer *toute* fausse indication, car chacune, si l'on suit notre exemple, peut entraîner des difficultés d'identification; ou s'en tenir strictement à l'article 154 et ne punir que la supposition de nom. Entre ces procédés, pas d'hésitation possible : seul, le second parti satisfait le grand principe de l'interprétation restrictive de la loi pénale. Il faut avouer que ce parti ne satisfait pas la raison qui eût voulu que toute fraude dans l'identité soit poursuivie et réprimée, et qu'il y a sur ce point une lacune dans la loi. En dépit de la logique de la doctrine, la Cour de cassation, dans un arrêt tout récent[1], a admis que la supposition de prénom tombait sous le coup de l'article 154. La Cour d'appel de Rouen[2] avait relaxé un nommé Bouscarle, inculpé d'avoir pris dans un passeport un faux prénom et une fausse date de naissance, déclarant que ces suppositions ne suffisaient pas à caractériser le délit. La Cour de cassation a cassé cet arrêt,

1. Crim. cass., 11 février 1927 (*D. P.*, 1927, p. 209, Bouscarle c/ministère public).
2. Arrêt Rouen, 6 nov. 1926.

parce que « le prénom concourt avec le nom à individualiser la personne désignée dans le passeport; la supposition du prénom, qui peut, comme la supposition de nom, permettre à l'individu qui y a recours de dissimuler son identité, rentre nécessairement dans les prévisions de l'article 154 du Code pénal et doit ainsi donner lieu à l'application des sanctions pénales édictées par le dit article ». Et si l'on demande à quelle règle de droit se réfère cet arrêt qui punit la supposition de prénom et absout implicitement la prise d'un faux âge, car, de ce que nous avons dit plus haut, la date de naissance a une valeur égale à celle du prénom, comme moyen d'identification.

b) *Fausses qualités.* — Sous l'empire de la loi du 28 mars 1792, dont l'article 17 punissait aussi de peines correctionnelles le fait de prendre un passeport sous un nom supposé, il avait été jugé que cette disposition devait s'étendre aux énonciations d'âge ou de profession[1]. Mais, depuis la rédaction du Code pénal, les choses ont changé et celui qui, sans déguiser son véritable nom, prend, dans un passeport, une fausse qualité ou profession ne commet pas un faux dans le sens de l'article 154. C'est ce qui résulte des travaux préparatoires, notamment de la discussion de cet article au Conseil d'Etat. M. Pelet, un des membres du Conseil, demanda que l'article 154 fût étendu à ceux qui, « sans déguiser leur propre nom, prennent de fausses qualités ». M. Berliet répondit que « cette question, fort simple au premier aspect, était fort

1. Crim. cass., 22 mai 1806 (*D. P.*, 1806, 2, 259).

délicate et très difficile à accueillir. Celui qui prend un nom autre que le sien commet évidemment un délit, mais en est-il rigoureusement ainsi d'un homme qui se qualifiera de *propriétaire* sans l'être, *marchand en gros* quand il ne sera que petit marchand, *peintre* quand il ne sera que barbouilleur? En voulant tout dire, il faut craindre d'aller trop loin, et une qualification mensongère n'est pas sur la ligne du faux ». M. Pelet répliqua que, « du moins, on ne peut pas excuser celui qui prend faussement la qualité de fonctionnaire public, de membre de la Légion d'honneur, ou le titre de duc, de comte ou de baron ». Mais M. Berlier répondit encore « qu'il ne faut pas confondre des espèces distinctes pour argumenter de l'une à l'autre. L'usurpation de titres ou fonctions trouvera sa répression particulière dans le Code. Mais il s'agit ici de simples qualités ou professions mensongèrement indiquées dans un passeport »[1]. Après ces observations, l'article est adopté dans les termes où il a été présenté, c'est-à-dire tel que nous le trouvons dans le Code pénal.

L'usurpation d'une fausse qualité dans un passeport n'a donc point le caractère de délit, alors même que le résultat de cette fraude serait de dissimuler l'identité de l'impétrant et qu'elle n'aurait eu lieu que dans cette intention. Sans doute, ce fait peut constituer l'élément d'un nouveau délit, de l'escroquerie, par exemple, si l'emploi de fausses qualités tend à se faire délivrer des

1. Procès-verbaux du Conseil d'Etat, séance du 5 novembre 1808; Locré, t. XXX, p. 140.

fonds (Code pénal, article 405); de l'usurpation de titre, s'il a lieu en vue de s'attribuer une distinction honorifique (Code pénal, article 259); mais il ne sera pas l'élément d'un faux punissable.

La jurisprudence a consacré ces règles en plusieurs espèces où elle a refusé l'application de l'article 154.

Affaire Pline Faurie[1]. — Un individu, prenant un passeport pour Naples, avait attribué la qualité de son épouse à une femme qui l'accompagnait. Celle-ci, d'autre part, possédait un passeport portant son nom véritable. Il y eut poursuite contre l'individu, pour emploi d'un faux nom à l'égard de la femme. Mais la Cour de Bordeaux, très sagement, le relaxa :

« Attendu, dit-elle, que le prévenu n'a pas pris un faux nom, puisqu'il a pris son nom réel; attendu, en ce qui concerne la dame Vatel, que Pline Faurie l'a désignée sous son nom véritable en déclarant qu'elle était née Alexandrine Dodé, ce qui était conforme à la vérité; que, s'il ajouta qu'Alexandrine Dodé était son épouse, c'était là une énonciation inexacte, sans doute, mais nullement l'emploi d'un faux nom, tel que l'a entendu l'article 154 du Code pénal, dont il ne faut pas forcer le sens; qu'assurément la qualification d'épouse n'appartenait pas à Alexandrine Dodé, mais qu'autre chose est une qualification erronée, autre chose un nom supposé, et qu'en matière criminelle, où tout est de droit étroit, il n'est pas permis de prononcer par analogie...; que,

1. Bordeaux, 10 déc. 1834 (S., 35, 2, 57, *Journ. Dr. crim.*, 1835, page 43).

d'ailleurs, le prévenu ne pouvait ni ne voulait nuire à personne en prétendant que la dame Dodé était son épouse... ; qu'il n'y a eu là qu'imprudence de la part du prévenu, mais qu'on ne peut y voir un délit que puisse atteindre l'article 154. »

c) *Faux âge.* — Il n'y aura pas davantage de délit quand le faux portera sur l'âge. Cette fausse déclaration pourra cependant être la cause de la délivrance d'un permis de chasse à un individu qui n'a pas l'âge requis par la loi. D'autre part, la Cour de Metz[1] a décidé qu'une fausse déclaration d'âge faite dans un passeport, et l'usage, vis-à-vis de l'autorité, du passeport obtenu sur une semblable déclaration, ne constituent point des faits punissables qui tombent sous le coup de la loi pénale. Il s'agissait de deux filles qui avaient obtenu chacune un passeport de Paris pour Metz, avec l'indication d'un âge faux pour permettre leur entrée dans une maison de tolérance de cette ville. La Cour de Metz décide « qu'en faisant sur leur âge de fausses déclarations aux officiers publics chargés de délivrer les passeports, les filles Ribière et Provost n'ont pas commis de délit prévu et réprimé par l'article 153 du Code pénal... ; que le fait qui leur est reproché ne constitue pas davantage le délit prévu par l'article 154 du même Code, cette disposition n'ayant pour objet que de réprimer l'indication dans un passeport d'un nom supposé ».

La Cour de cassation a sous-entendu la même solution

1. Metz, 29 mars 1854, affaire Labat ; *S.*, 55, 2, 533, et *D.*, 55, 2, 27.

dans l'affaire Bouscarle[1], en retenant contre le prévenu la supposition de prénom, mais non celle de la date de naissance.

d) *Une qualité peut-elle remplacer le nom?* — Nous devons encore nous demander si la déclaration inexacte d'une qualité remplaçant le nom suffit pour justifier une poursuite.

Nous avons vu dans notre étude du passeport que, si en principe il constituait une pièce individuelle, le mari, la femme et les enfants de moins de 16 ans pouvaient figurer sur un même passeport.

Il est certain que la supposition de qualité, dans cette hypothèse, équivaut à une supposition de nom, car la qualité individualise son bénéficiaire, étant telle qu'elle indique certainement le même nom que celui qui est donné comme le chef de la famille. On doit donc assimiler aux mentions de mari, femme, fils, fille mineure et célibataire, celles de frère et oncle paternel[2].

Au contraire, toutes les autres désignations de parenté restent en dehors de l'application de l'article 154. La question s'est posée à propos de l'affaire Röser, en matière de sauf-conduit[3]. Nous avons vu que le sauf-conduit délivré l'avait été à « Mme Pech et sa cousine ».

L'accusation suivait le raisonnement suivant : Lors-

1. Voir *supra*, p. 109.
2. Exceptionnellement, la fausse qualité d'« épouse » ne constitue pas un délit, si, à côté de cette qualité, figure le nom véritable, la qualité d'épouse étant donnée non pour induire en erreur sur le nom, mais pour masquer une situation irrégulière. Il y a d'ailleurs défaut d'intention coupable.
3. Voir *supra*, p. 65.

qu'un passeport ou un sauf-conduit contient les véritables nom et prénoms de celui auquel il est délivré, on peut admettre que la qualité ajoutée à ce nom importe peu. Mais n'en est-il pas autrement lorsque le sauf-conduit ne mentionne aucun nom et relate seulement la qualité? Alors, la désignation de la qualité remplace le nom, puisque c'est elle qui individualise la personne autorisée à circuler. Elle est même, dans ce cas, plus dangereuse que la supposition de nom, parce qu'il est plus difficile de la découvrir. D'autre part, disait le Ministère public, l'usage de passeports collectifs aux personnes voyageant en famille a toujours été admis et a même été formellement autorisé par une instruction ministérielle du 6 août 1827. Or, c'est bien dans ces conditions que la désignation d'une simple qualité équivaut à une désignation de nom. En donnant, dans cette espèce, à Mme Roser la qualité de cousine de Mme Pech, on lui attribuait nettement la qualité de Française, les membres d'une même famille étant présumés d'une même nationalité. Bien plus, ajoutait l'accusation, il apparaît même qu'on désignait Mme Roser comme s'appelant elle-même Pech, car il est d'usage qu'une femme appelle ainsi les cousins de son mari, aussi bien que les siens propres.

Mais la défense répliquait : Sans doute, lorsqu'un passeport collectif est délivré à un mari, à sa femme et à son fils, le nom de ces dernières personnes se trouve nécessairement indiqué, puisqu'il est le même. Mais comment soutenir que la désignation de « cousine » comporte la même conséquence? Quelques cousins, il est vrai, portent le même nom, mais on peut dire que c'est l'exception.

La Chambre criminelle de la Cour de cassation avait à choisir entre tous ces arguments. Elle pouvait choisir entre deux tendances naturelles :

D'une part, il pouvait lui paraître, en cette période de guerre, qu'elle ne devait pas affaiblir les armes de la police contre toute menace envers la sûreté de l'Etat. Toute subtilité juridique mise à part, il était de toute évidence que les prévenus avaient fait précisément l'acte que la loi entend défendre. Et, déjà, la Cour d'appel avait cédé à ce besoin de justice réclamé par l'opinion publique.

Mais d'autre part, il y avait le texte clair de l'article 154 et la règle que la loi pénale s'interprète restrictivement. Là, la raison pratique; ici, la raison théorique. Et la Cour suprême s'est décidée pour la raison théorique : en maintenant la stricte interprétation de la loi, elle est dans son rôle et accomplit sa mission. D'ailleurs, elle n'a pas dit que le nom fût absolument nécessaire pour cette individualisation et elle a eu raison de ne le point dire : comme nous l'avons montré, l'article 154 s'appliquerait à toute qualification indiquant de façon certaine une identité de nom.

e) *Pseudonyme.* — Enfin, on peut se demander si le fait d'avoir pris un pseudonyme dans un passeport doit être assimilé à la supposition de nom.

Il est, en effet, beaucoup de personnes qui vivent sous une autre nom que le leur, obéissant à des mobiles très divers : certains cachent leur vrai nom en obéissant à des raisons de sentiment, telles que la modestie et l'orgueil ; d'autres obéissent à des mobiles passionnels, tels que la haine et l'esprit de persécution, ou simplement à l'humour et à la fantaisie. D'autrefois, ce sont des motifs d'intérêt pécuniaire qui font que des auteurs, dans la crainte que leur popularité ne se maintienne pas, prennent successivement différents noms d'emprunt. Et cette coutume est commune à tous les milieux, quoique plus fréquente chez les gens de lettres et de théâtre[1].

Mais, en fait, tantôt ce pseudonyme est universellement connu et le nom véritable à peu près ignoré (tels Molière et Voltaire, qui ont une autre notoriété que Poquelin et Arouet), tantôt, au contraire, ce pseudonyme n'a cours que dans un certain milieu, dans certaines circonstances, alors que le nom véritable a cours le plus souvent. Et les tribunaux devront juger, en fait, du point de savoir si le pseudonyme est un nom supposé au sens de l'article 153.

Quelle que soit la solution adoptée, il n'en reste pas moins qu'il y a altération de la vérité. Mais un des deux

1. L'usage et même l'abus des pseudonymes sont fort anciens. Au temps de la Renaissance, beaucoup d'auteurs ont recours à des pseudonymes, afin de se dissimuler, et des auteurs prennent ainsi des noms de fantaisie ou des noms professionnels. Au XVIIIe siècle, alors que les disputes théologiques se multiplient et s'enveniment, beaucoup de polémistes se voilent sous des noms d'emprunt. Il est de même des philosophes. Le XVIIe siècle voit se continuer l'emploi fréquent du pseudonyme. Les bibliographies voltairiennes donnent un nombre énorme de pseudonymes dont Voltaire s'est revêtu. Le XIXe siècle abonde ainsi en pseudonymes. Henri Beyle signa ses livres de noms d'emprunt : Stendhal, Cotonet, Salviati, Lisio, Viscontini et beaucoup d'autres encore ; de plus, il se donna tantôt une qualité, tantôt une autre, pour dépister ses lecteurs.

autres éléments constitutifs peut faire défaut : Si le pseudonyme est universellement connu, comme l'était celui de George Sand au milieu du XIXe siècle — alors que celui de la demoiselle Dupin eût passé inaperçu — il ne saurait y avoir préjudice, car la surveillance de la société n'est nullement éludée, mais bien au contraire facilitée[1].

Et le porteur du pseudonyme a pu croire de bonne foi qu'il pouvait l'arborer dans son passeport, sans nuire au contrôle de la police. Et l'élément intentionnel disparaît[2].

La Cour de cassation a réformé un arrêt d'acquittement d'un individu prévenu d'avoir pris, dans un passeport, un pseudonyme qui « tout en ne laissant aucun doute sur la situation actuelle, dissimulait ainsi une partie de sa vie passée »[3].

Remarquons encore que les faits de supposition de prénom, âge, qualité, qui ne constituent point des délits, ne sont pas davantage des crimes. De l'article 162 du Code pénal se déduit logiquement, nous l'avons vu, cette conclusion que, si les certificats (permis de chasse, passeport) sont de la nature prévue dans les dispositions excep-

1. SAINT-AUBIN, *op. cit.*, p. 44.

2. Et le Tribunal correctionnel de Toulouse (jugement du 15 mai 1925, n° 376 du greffe) a relaxé fort légalement la dame de Marteau, qui avait usé d'un passeport à elle délivré sous le nom de son premier mari, Balensi, nom dont elle usait couramment et sous lequel elle était d'autant plus connue que son second mari, de Marteau, avait usurpé en diverses circonstances ce nom de Balensi. Le Tribunal déclare que « sa bonne foi ne peut être mise en doute, et que, dans ces conditions, son relaxe s'impose », tandis qu'il condamne de Marteau « ... pour s'être fait délivrer un passe- dont il a fait usage, sous le nom supposé de Balensi, auquel il n'avait aucun droit ».

3. Voir affaire Lambert, précitée, p. 89 et p. 92.

tionnelles du Code, — et ici il ne peut y avoir hésitation — si ces dispositions exceptionnelles ne sont pas applicables, il n'y a ni crime ni délit.

En terminant cette étude, constatons que l'article 275 du Code pénal italien est, sous ce rapport, beaucoup plus large et plus répressif que notre loi. Il punit de la réclusion jusqu'à un an « quiconque, en se faisant délivrer des permis, passeports, feuilles de route ou de séjour, s'attribue, dans ces pièces, un faux nom ou prénom ou une fausse qualité ».

Le Code pénal espagnol, dans ses articles 374 et 375, emploie des termes identiques.

2° Faux intellectuel commis par les officiers publics dans l'exercice de leurs fonctions.

L'article 155, § 1, punit l'officier public qui délivre un passeport sans exiger des garanties suffisantes de sincérité de la part des témoins. Ce n'est pas la fraude de l'officier public que prévoit ce paragraphe, mais sa simple négligence, et parfois, aussi, sa complaisance coupable.

Le paragraphe 2 de ce même article prévoit le cas où « l'officier public, instruit de la supposition de nom, a néanmoins délivré le passeport sous le nom supposé ». C'est bien là un faux intellectuel que la loi réprime. Mais comme celle de l'article 154, et pour les mêmes raisons, cette disposition paraît devoir se borner à la supposition de nom. L'officier public qui, instruit de la supposition de qualité ou d'âge, délivre le passeport, ne tombe pas, à notre avis, sous le coup de l'article 155, § 2.

Ce deuxième paragraphe vise un cas très net de complicité, mais en fait un délit spécial, puni d'une peine plus sévère que le fait de l'auteur principal : l'officier public n'a pas l'excuse du mobile, de l'instinct de la conservation dont bénéficie celui-là.

II. — Le faux matériel

Si le faux intellectuel est, en dernière analyse, une fausse affirmation, les diverses hypothèses de faux matériel se ramènent à deux grandes classes qui correspondent aux deux procédés servant à le commettre.

Tantôt c'est un passeport ou un permis de chasse déjà existant dont on altère la teneur, et tantôt c'est un titre nouveau que l'on fabrique à l'aide d'une contrefaçon d'imprimé, d'écritures, de signature et de visa.

Si, sur un permis de chasse périmé, j'enlève le dernier chiffre à droite de la date pour le remplacer par celui de l'année courante, je commettrai un faux de la première catégorie. Il y aura faux de la deuxième catégorie si, dépourvu de passeport, j'en fabrique un de toutes pièces.

1° *L'altération d'un titre existant* peut se réaliser de trois manières : par addition, par suppression ou par substitution. Il y a addition si, sans rien changer au titre existant, j'y ajoute une mention ou une observation. Il y a suppression si je fais disparaître une mention ou une partie du titre sans la remplacer. Enfin, le faux par substitution consiste dans l'application d'une nouvelle mention à la place de celle que l'on a supprimée.

Nous n'avons pas trouvé dans la jurisprudence d'exemples d'additions. Mais, par contre, les cas de suppression y sont très nombreux. Tout d'abord, un très vieil arrêt de la Cour de cassation[1] punit le fait d'avoir altéré des passeports par grattage des mentions contraignant leurs titulaires à suivre certaines prescriptions de police (itinéraire-présentation du passeport aux autorités du lieu d'arrivée).

Un arrêt moins ancien[2] punit un nommé Rousselat, placé sous la surveillance de la police, à qui avait été délivré, à sa sortie de prison, un « passeport avec secours d'indigent », portant, au-dessus du mot passeport, la lettre C indiquant l'espèce de la condamnation qu'il avait subie, et facilitant l'exercice de la surveillance dont cet individu devait faire l'objet. Rousselat, que cette surveillance devait gêner, supprima la partie du papier portant la lettre C. La Cour d'appel de Dijon l'avait relaxé pour ce fait, mais la Cour de cassation déclara le fait punissable.

Plus tard, la Cour suprême, dans une affaire identique, se prononça dans le même sens, disant que « la lettre C, considérée comme nécessaire par l'administration, fait, par suite, partie intégrante et légale de la pièce avec laquelle elle s'identifiait »[3].

1. Crim. cass., 14 août 1806, min. public c/Bressano et autres. (S., 1807, I, 1095).
2. Crim. cass., 15 déc. 1849, min. public c/Rousselat (*B. Crim.*, 1849, n° 344, p. 492) ; appel du m. p. sur arrêt de Dijon du 15 octobre 1849.
3. Crim. cass., 20 nov. 1873 (*B. crim.*, 1873, n° 281, p. 530) ; m. p. c/Grauly, après arrêt Cour d'Aix, sept. 1873.

Entre-temps, nous l'avons vu[1], la Cour de cassation avait déclaré Blanc-Garin passible des peines de l'article 153, pour avoir supprimé sur son passeport l'injonction de sortie de France, qu'y avait apposée le commissaire spécial de police aux Rousses.

Plus près de nous, le Tribunal correctionnel de Toulouse, dans l'affaire Michel Elsa[2], considérant « qu'il est établi que la prévenue a elle-même gratté sur le passeport la mention relative à sa profession; que la femme Michell reconnaît le délit qui lui est reproché », déclare que, dans ces conditions, une sanction s'impose.

Enfin, ce même tribunal, plus récemment encore[3], « déclare Saïd Mahommed atteint et convaincu d'avoir, depuis un temps non prescrit, falsifié un passeport originairement véritable en en altérant la photographie d'identité et en supprimant le folio de l'état civil ».

Un exemple de substitution se rencontre dans l'affaire Foucault, déjà vue[4]. Il s'agissait, on se le rappelle, d'un permis de chasse originairement valable, mais périmé. La falsification avait été obtenue par la substitution du mot treize au mot douze dans l'indication de l'année de délivrance. Un autre exemple est fourni par l'affaire Niel[5]. Ce prêtre, on se le rappelle, vit rejeter par la Cour suprême son pourvoi contre un jugement le condamnant pour avoir substitué dans son passeport le mot « habitant » à celui de « desservant ».

1. Voir *supra*, p. 43.
2. Voir *supra*, p. 46.
3. Trib. corr. Toulouse, 8 déc. 1927 (greffe 1re inst. 1927, n° 1662).
4. Voir *supra*, p. 48.
5. Voir *supra*, p. 89.

De tout cet exposé de jurisprudence, il ressort que le domaine du faux matériel est beaucoup plus étendu que celui du faux intellectuel. Tandis que dans celui-ci la supposition doit porter sur le nom, dans celui-là la loi réprime toutes les altérations portant sur les mentions essentielles du passeport. Et il faut considérer comme essentielles toutes celles qui contribuent à déterminer et à spécifier l'identité du porteur : mentions portant sur les prénoms, l'âge, la profession, le domicile, mentions diverses de signalement, photographies. La jurisprudence va même jusqu'à considérer comme telles certaines prescriptions de police que le passeport n'a cependant pas pour mission de recevoir, et ses décisions sur ce point nous paraissent contestables.

Nous ne saurions omettre de signaler l'étonnement que l'on éprouve en constatant cette différence entre le faux matériel et le faux intellectuel. Les raisons que l'on a de réprimer toute falsification d'un titre déjà existant militent en faveur d'une répression aussi sévère des diverses suppositions de qualités, car les dangers sont les mêmes. Il y a, comme nous l'avons dit, dans l'étude du faux intellectuel une grave lacune qu'une décision législative prochaine devrait combler.

2° *Création d'un titre nouveau.* — Dans les diverses hypothèses de faux matériel que nous venons d'examiner, nous avons supposé que le faux consistait à changer quelque chose au contenu d'un écrit déjà existant. Mais l'article 153 vise également le cas où l'altération de la vérité consiste à fabriquer de toutes pièces un titre nouveau.

Dans ce genre de faux, l'altération de la vérité ne se produit point sous la forme directe du mensonge, de la fausse déclaration, elle suppose, comme dans tout faux matériel, un ensemble de manœuvres destinées à rester inconnues et dont le résultat est de faire supposer, contrairement à la réalité, que le titre est délivré par l'officier public compétent à cet effet.

Si le faux par création de titre se distingue, d'autre part, des différents cas de faux matériel étudiés précédemment, en ce qu'on y trouve un titre entièrement faux, il ne suppose cependant pas forcément l'imitation de l'écriture et de la signature de l'officier public qui eût été compétent pour la délivrance de ce titre, car l'usage en sera fait dans un lieu où l'on ignore et cette écriture et cette signature. Mais il suppose bien une fraude dans l'obtention du cachet de ce fonctionnaire et de l'imprimé pour lequel est rédigé le titre, soit que le timbre authentique ait été apposé en fraude ou que l'imprimé ait été dérobé, soit que le timbre ou l'imprimé aient été imités[1].

1. Nous ne saurions omettre de rapporter, tant il est original, le procédé de fabrication, qu'il nous a été donné d'étudier : La fille Canu, sur l'offre que lui avait faite un nommé Di Cea de lui fournir un passeport pour l'Espagne, apporta à ce dernier les pièces demandées par lui, soit des photos et un acte de naissance. Notons que la scène se passait dans un bar. Di Cea lui confectionna de toutes pièces le passeport; la déposition n'indique pas comment il s'était procuré l'imprimé. Quant au sceau, Di Cea fit usage de deux ronds de carton affectant la forme du sceau et de grandeur différente. Il les trempa dans une solution violette de mine de crayon-encre dans de l'eau, préparée dans une cuillère à café, et les apposa successivement aux endroits voulus sur le passeport. Ensuite, avec un cure-dents trempé dans cette même solution, Di Cea imita les caractères que devrait porter le timbre, et aussi la vignette centrale. « Le travail terminé, le passeport paraissait authentique », dit la fille Canu dans sa déposition. (Trib. correct. Toulouse, 15 mars 1928, n° 369 du greffe.)

TITRE III

CHAPITRE PREMIER

L'usage.

L'article 153 du Code pénal punit non seulement le faux, mais aussi son usage, lorsqu'il dit « quiconque.... fera usage d'un passeport ou permis de chasse fabriqué ou falsifié ».

Il résulte de ce texte, et c'est d'ailleurs une règle générale en matière de faux, que l'usage d'une pièce fausse est un délit principal qui peut être indépendant de la fabrication ou de la falsification même de la pièce. Ces deux délits sont complets, abstraction faite l'un de l'autre : la fabrication, alors même que l'acte fabriqué n'a pas servi; l'usage, alors même qu'il est étranger à la fabrication.

L'usage consiste dans l'application de la pièce fausse à l'objet auquel elle est destinée : c'est l'exhibition du passeport par les voyageurs[1], ou celle du permis de chasse

1. La Cour de cassation, dans l'affaire Khaled Hacani précitée (voir *supra*, p. 45), considère comme usage d'un passeport le fait de l'avoir présenté au visa d'un consul.

par le chasseur, lorsque cette exhibition est légalement requise[1].

Il ne faudrait pas croire que l'usage commence avec la possession de la pièce fausse : le seul port ne peut être considéré comme l'usage. Ainsi, celui qui est trouvé porteur d'un faux passeport, dont il ne s'est point servi, ne peut être puni s'il parvient à établir qu'il n'a nullement contribué à la fabrication ou à la falsification de ce passeport. Les auteurs sont unanimes sur ce point.

On peut être tenté, et certains criminalistes l'ont été, d'interpréter l'article 153 du Code pénal par l'article 281 du même Code qui dispose que « les peines établies par le présent Code contre les individus *porteurs* de faux certificats, faux passeports ou fausses feuilles de route seront toujours, dans leur espèce, portées au maximum quand elles seront appliquées à des vagabonds ou des mendiants ». Et l'on peut croire qu'à l'égard au moins des vagabonds et des mendiants, le simple port de faux passeport suffit pour constituer un délit. On pourrait même, en se basant sur la suspicion du législateur contre ces individus, admettre une présomption que ces individus veulent se servir de l'acte faux dont ils sont porteurs et accepter cette interprétation.

Mais la plupart des auteurs sont d'un avis tout autre[2]. Le texte de l'article 153 est trop précis pour qu'il soit

1. Dans l'affaire Foucault précitée (voir *supra*, p. 24), la Cour suprême rejette le pourvoi formé contre l'arrêt condamnant le fait, par le détenteur d'un permis falsifié, de l'avoir présenté aux gendarmes pour justifier le fait de chasse.

2. GARRAUD, p. 251, nº 1450 ; CHAUVEAU et HÉLIE, p. 500, nº 744 ; BLANCHE, p. 554, nº 271.

permis d'essayer de lui donner cette interprétation. De plus, dans toutes les dispositions relatives au faux, c'est l'usage et non le port de la pièce fausse que le Code punit. Les mots « porteurs de faux certificats, faux passeports », qu'emploie l'article 281 ne sont que des expressions inexactes, lesquelles, dans le sens de la loi, s'appliquent non pas au seul port de ces pièces, mais à leur usage. En d'autres termes, l'article 281 doit être mis en rapport avec l'article 153.

Le Code pénal ne prévoyait que l'usage d'un passeport matériellement fabriqué ou falsifié. On avait pourtant essayé d'appliquer l'article 154 à une fraude très fréquente en partique : un individu ayant en sa possession le passeport d'un tiers, ne le falsifie point, mais le donne comme sien, en déclarant être précisément celui que désigne cette pièce d'identité.

Mais cette fraude ne pouvait rentrer dans la catégorie pénale des faux, et il fallait bien la laisser impunie faute de texte. C'est ce que constate la Cour de cassation[1], rejetant le pourvoi formé contre un arrêt de relaxe, dans ces circonstances, en ces termes : « L'arrêt attaqué ne spécifiant aucune autre circonstance de nature à aggraver le caractère de l'usage par lui déclaré constant a pu légalement ne voir dans cet usage ni crime, ni délit, ni contravention. »

1. Cass., 9 juillet 1840 (*S.*, 41, 1, 560 ; *P.*, 40, 2, 165). Dans le même sens : Liége, 17 novembre 1847 (*Pasicrisie belge*, 49, 2, 181). Antérieurement, la Cour de cassation avait déjà rendu un avis identique : « N'est pas coupable celui qui fait sciemment usage d'un passeport et d'un acte de naissance qui ne sont pas les siens, mais qui ne sont point faux. » (C. cass., 26 vendémiaire an XIV ; *S.*, 1806, 2, 754.)

Cette fraude n'est pourtant pas sans danger pour l'ordre public. Et le législateur l'a, par la loi du 22 juin 1854, réprimée en matière de livrets ouvriers. La loi du 13 mai 1863 a généralisé la disposition répressive, punissant « tout individu qui aura fait usage d'un passeport ou d'un permis de chasse délivré sous un autre nom que le sien ».

Cette formule nous paraît comprendre deux hypothèses qu'il n'est pas sans intérêt de distinguer : elle permettra d'atteindre la fraude que nous avons déjà étudiée et qui consiste dans l'usage d'un passeport obtenu sous un faux nom par celui-là même qui l'a fait dresser. Dans ce cas, il y a vraiment usage de faux, dans le sens ordinaire de cette expression, puisque la pièce dont on s'est servi est entachée de faux. Mais, en pratique, on ne poursuivra pas sous cette qualification puisque le coupable sera punissable pour avoir fait faire le faux passeport.

Et la disposition nouvelle s'applique aussi à celui qui présente un passeport ou un permis de chasse non falsifié délivré à une autre personne. Mais il n'y a pas usage de faux puisque la pièce est authentique et non altérée, c'est un délit différent que le législateur a rattaché au faux, mais qui est d'une nature tout autre. Dès lors, le préjudice n'est plus un des éléments nécessaires à l'existence du délit, dont l'absence doive entraîner le renvoi de l'instance de l'inculpé. Et une condamnation devrait certainement intervenir, bien que le préjudice en soit absent, dans l'hypothèse suivante qu'un député proposait dans la discussion au Corps législatif de la loi de 1863 : « Un de mes amis vient chez moi pour y passer huit jours... il n'a pas son permis de chasse... il l'a oublié chez lui... il veut aller tirer les petits oiseaux... il prend mon permis et il est condamné...[1] »

L'infraction n'est cependant pas préjudiciable puisque, par hypothèse, le chasseur a chez lui son permis régulièrement obtenu et valable, et que ce permis lui donne le droit de chasser, sauf justifications ultérieures à fournir à l'agent qui l'a surpris sans qu'il en soit porteur.

C'est donc à bon droit que le Conseil de guerre aux armées près la 68e division a condamné l'individu qui avait voyagé muni du sauf-conduit d'un de ses camarades[2].

1. *Moniteur,* 12 avril 1863, p. 541, col. 6.
2. Voir *supra,* affaire Honête, p. 61.

CHAPITRE II

La complicité et délits connexes

I. — Complicité

L'article 154 punit, à l'égal de l'auteur du faux par obtention de passeport ou d'un permis de chasse sous un nom supposé, ceux qui « auront concouru, comme témoins, à faire délivrer le passeport sous le nom supposé ». Cet article doit être interprété par l'article 155 : les témoins sont ceux qui attestent, devant l'officier public, les noms et qualités du titulaire éventuel du titre à établir. Leurs actes constituent la complicité de droit commun établie par l'article 59 du Code pénal. Et cette disposition de l'article 154 apparaît comme inutile, car ces témoins, en vertu des articles 59 et 60, eussent été considérés comme complices par aide et assistance, et punis de la même peine que l'auteur du délit[1].

1. L'article 154 laisse en dehors de son domaine d'autres genres de complicité qui n'en sont pas moins punis, aux termes de l'article 59 : dans l'affaire Coulaud précitée (voir *supra*, p. 63), la Cour de Dijon déclare « complice par aide et assistance du délit de faux passeport, la personne qui, sachant que le sauf-conduit a été obtenu sous un nom supposé, présente cette pièce au guichet du chemin de fer et fait délivrer à la personne qui y figure faussement un billet de place pour une gare située dans la zone des armées. »

De même que l'article 154 ne vise l'auteur principal que s'il prend un faux nom, ce même article ne sera applicable au témoin que s'il a participé à une telle fraude.

D'autre part, l'individu qui, « assisté lui-même de témoins, réclame la délivrance d'un passeport pour lui et pour une autre personne désignée sous un faux nom », ne tombe pas sous le coup de l'article 154, car « ce n'est pas comme témoin qu'il a concouru à faire délivrer le passeport, mais comme demandeur en délivrance de cet acte et assisté de témoins »[1].

Dans l'affaire Röser[2], la Cour de Toulouse a condamné comme témoins les époux Pech, qui « ont réclamé pour eux et pour une autre personne, faussement désignée et individualisée, la délivrance d'un laissez-passer ».

La Cour de cassation casse cet arrêt pour non-assimilation possible, *en l'espèce*, du sauf-conduit au passeport; mais elle laisse entendre que, si l'assimilation eût été possible, elle eût condamné accessoirement les époux Pech comme témoins de l'article 154.

Et l'on peut se demander si tous les « témoins » à une pareille fraude doivent être également atteints par l'article 154. Nul n'ignore, en effet, comment les témoins sont recrutés par ceux qui, en ayant besoin, ne disposent de personnes les connaissant réellement : il existe, dans les grandes villes du moins, aux abords des mairies et des commissariats de police, des individus faisant véritable-

1. Arrêt Pline Faurie, déjà cité (voir *supra*, p. 112).
2. Voir *supra*, pp. 33 et suiv.

ment profession de témoins. Ils attendent le client, et, contre une somme modique, consentent à certifier tout ce que l'on peut désirer. Supposons que des témoins de ce genre participent à la délivrance d'un passeport : Tomberont-ils sous le coup de l'article 154? En fait, il serait désirable qu oui, car, si la loi exige des témoins, c'est qu'elle les veut bons. Mais, en droit, il nous paraissent échapper à toute répression : ils commettent une imprudence grave et une faute lourde, mais on ne saurait les considérer comme complices d'une fraude qu'ils ignorent, l'élément intentionnel fait défaut, car il consisterait précisément dans cette conscience de prêter la main à une supercherie.

Et, à cette carence de la loi, il n'y a point de remède, car la nécessité qu'elle fait dans l'article 55 pour l'officier public de n'admettre que des témoins connus de lui, ne l'oblige pas à s'assurer que ces témoins connaissent le déclarant.

II. — Délits de l'officier public

L'article 155, § 1, auquel nous venons de faire allusion, punit la simple négligence professionnelle du fonctionnaire public. Cet article prévoit le cas de l'officier public qui a délivré ou fait délivrer un passeport à une personne qu'il ne connaît pas, sans avoir fait attester ses *noms* et *qualités* par deux citoyens connus de lui.

Le paragraphe 2 du même article suppose que l'officier public, instruit de la supposition de nom, a délivré ou fait délivrer le passeport supposé.

Quoique dans le second cas l'officier public agisse de concert avec le fraudeur et soit son complice, il n'en commet pas moins, comme dans le premier cas, un acte qui a son caractère particulier et une criminalité propre, sans qu'il soit besoin de considérer sa criminalité d'emprunt pour le réprimer.

Il est à remarquer que ce deuxième paragraphe ne punit que la seule supposition du nom, celle des qualités et des autres énonciations ne rentre pas dans les termes de cette disposition. Le paragraphe 1er, au contraire, s'applique à l'omission d'attestation, soit en ce qui concerne le nom, soit même à l'égard des qualités. Par suite, l'officier qui a délivré un passeport mentionnant des qualités erronées, bien que le sachant, ne pourra être poursuivi qu'à raison de ce qu'il a négligé de faire attester ces qualités.

Il y a là une contradiction à punir chez le fonctionnaire, l'omission de l'attestation des qualités, tandis que l'article 154 ne punit, ni dans le requérant, ni dans les témoins, la fausse déclaration de ces qualités ou leur fausse attestation.

Il y a contradiction et l'on doit se borner à la constater. L'on ne peut, pour l'éviter, déformer la loi et admettre avec M. Garraud[1] que, « *dans tous les cas,* l'officier public, qui délivre ou fait délivrer un passeport

1. GARRAUD, p. 259, n° 1454.

sans s'être assuré de l'identité de l'impétrant, n'est punissable que si la supposition porte sur le nom même » et que « une négligence ou même une connivence portant sur les qualités, l'âge, les prénoms de la personne à laquelle le passeport est délivré ne serait pas suffisante pour constituer le délit ».

Et l'opinion de M. Garçon est non moins critiquable, qui veut que l'officier public réponde dans tous les cas de l'altération qui porte sur les qualités de l'impétrant. Cet auteur montre qu'en cas de négligence l'article 155 est formel, et il prétend que, au cas de connivence, il serait absurde que le fonctionnaire soit traité de façon plus favorable. Cette solution, excellente au point de vue de la répression, n'est pas plus juridique que celle de M. Garraud.

Cette question n'est pas encore sortie du domaine des hypothèses, car la jurisprudence n'a pas eu à se prononcer sur de tels faits.

Modification en 1863. — Jusqu'en 1863, l'article 155 ne s'appliquait qu'à l'officier qui délivrait lui-même le passeport. Or, les passeports à l'étranger, nous l'avons vu, sont, aux termes de la loi du 24 ventôse an IV, délivrés par les préfets, sur une attestation donnée par les maires, ou, à Paris, par les commissaires de police. Si l'attestation est donnée avec négligence ou fraude de l'officier public, si le passeport est délivré par le préfet, le coupable sera l'officier public et non le préfet. C'est ce fait que n'atteignait pas l'ancien article 155, et la Cour de cassation n'a pu que casser des arrêts punissant cette fraude[1].

Depuis, il en est autrement, puisque la loi du 13 mai 1863 a eu la sagesse d'étendre l'article 155 à ce cas que le Code n'avait pas prévu en punissant ceux qui : « auront *délivré* ou *fait délivrer* un faux passeport ».

Négligence et fraude de l'officier public en matière de permis de chasse. — La loi de 1863, cependant si méticuleusement préparée, ne parle pas du fonctionnaire qui délivre un permis de chasse dans les conditions que l'article 155 prévoit pour le passeport. Il faut croire que ce n'est pas un oubli du législateur, mais une omission volontaire de sa part. On ne peut donc raisonner par analogie et appliquer l'article 155. C'est le droit commun qui se doit appliquer, et l'on doit conclure que la simple négligence restera pénalement impunie, sauf les sanctions disciplinaires qu'elle pourra entraîner, tandis que la connivence du fonctionnaire, par le jeu des règles ordinaires de la complicité, sera punie de la peine applicable au délit de l'auteur principal. Le législateur de 1863 semble avoir estimé équitable de punir moins sévèrement un acte de complicité qui se soldera par une perte pécuniaire légère pour le Trésor, qu'un autre acte qui permettra la libre circulation de criminels ou d'espions.

Enfin, le simple particulier complice d'un faux commis

1. Cassation, 14 octobre 1853 (*B.*, 1853, n° 511 ; *D.*, 1853, 5, 342 ; *S.*, 1854, 1, 224).

par un officier public, dans un passeport ou dans un permis de chasse, est passible de la peine applicable à l'officier public. Cette solution a été admise par la jurisprudence en matière de faux en écriture publique et doit être étendue à notre matière[1].

1. Cass., 15 oct. 1813; pourvoi Décamps c/arrêt Cour d'assises du Nord (*S.*, 1814, 1, 4).

CHAPITRE III

Responsabilité des aubergistes et hôteliers.

Le Code pénal fait peser sur les aubergistes et hôteliers des responsabilités bien diverses :

a) L'article 475, § 2, prévoit contre eux une amende lorsqu'ils négligent d'inscrire sur leurs registres les noms des personnes qui ont passé la nuit dans leur maison, c'est-à-dire lorsqu'ils commettent une simple négligence.

b) A cette responsabilité pénale, l'article 73 ajoute une responsabilité civile : l'aubergiste sera responsable des crimes et délits qui auraient été commis par une personne logée chez lui et dont l'inscription n'aurait pas été faite sur son registre.

c) L'article 154 prévoit et punit l'inscription faite *sciemment* par l'aubergiste, sous des noms faux ou supposés, des voyageurs qui logent dans son hôtellerie. Il ne s'agit plus d'une négligence, comme dans l'article 73, mais d'un délit moral, puisque la loi exige la complicité de l'hôtelier avec la personne qu'il loge. *La connivence* forme avec *la connaissance* deux des éléments constitutifs du délit, et le jugement doit affirmer expressément leur existence.

d) Enfin, la loi de 1863 a prévu dans le nouvel article 154 l'omission *volontaire* d'inscription sur les registres, qui jusque-là n'était pas punie autrement que l'omission involontaire. « Elle est cependant bien plus coupable, et, à une époque où la rapidité des transports favorise si puissamment la fuite des coupables et où les traces qu'ils laissent chez les logeurs sont souvent l'unique moyen de les atteindre, il importait de donner une sanction nouvelle aux devoirs des hôteliers et des aubergistes[1]. »

1. Rapport de la Commission du corps législatif; *R. G.*, tome IV.

CHAPITRE IV

Pénalités.

Tous les faux, par nous étudiés, sont aujourd'hui punis uniformément de peines correctionnelles. Mais il n'en a pas toujours été ainsi.

I. — PEINES CONTRE LES PARTICULIERS

a) *Fabrication, falsification.* — Elles consistent pour les particuliers en un emprisonnement de trois mois à un an, au cas de faux intellectuel (art. 154, § 1), et en un emprisonnement de six mois à trois ans, au cas de faux matériel (art. 153).

Au moment de la rédaction du Code pénal, si l'auteur d'un faux intellectuel n'était passible que de l'actuel emprisonnement de trois mois à un an, l'auteur d'un faux matériel par falsification d'une passeport véritable ou par création d'un titre nouveau restait exposé aux peines criminelles du faux.

En 1810, le Code pénal correctionnalise les faits prévus par l'article 153, mais le coupable peut être puni d'un emprisonnement de un an à 5 ans. Le législateur de 1863 a abaissé le taux de la peine de cet article au taux actuel de six mois à trois ans, et l'on constate l'atténuation constante de la différence de traitement entre les deux sortes de faux. Réduite à ses proportions actuelles, la différence se justifie par le degré plus ou moins considérable de nocivité de l'individu et par le danger plus ou moins grand de la fraude : d'une part, est plus coupable celui qui, après réflexion, calmement, chez lui, falsifie un titre authentique que celui qui se borne à une fausse déclaration; d'autre part, la fraude du premier ne peut être facilement déjouée si elle est bien exécutée, tandis que celle du second ne pourra être mise à exécution si le fonctionnaire préposé à la délivrance des titres ne fait preuve de trop de négligence, dont d'ailleurs il risque d'être puni par l'article 155.

b) *L'usage.* — L'article 153, dans son paragraphe 2, punit de la même peine que l'auteur celui qui a fait usage d'un passeport falsifié ou fabriqué. Et l'article 154, § 2, qui punit, à l'égal de l'auteur d'une supposition de nom, celui qui a fait usage d'un passeport délivré sous le nom supposé ou d'un passeport appartenant à autrui.

Le paragraphe 1 de ce même article prévoit encore la même peine contre les témoins qui ont concouru à la délivrance d'un passeport sous un nom supposé.

II. — Peines contre les officiers publics

L'article 155 punit, dans son paragraphe 1er, la simple négligence de l'officier public d'un emprisonnement de un mois à six mois. Tandis que son paragraphe 2 prévoit un emprisonnement de un an à quatre ans, au cas de connivence frauduleuse.

Et cette différence de traitement est pleinement justifiée sans qu'il soit besoin d'insister.

Avant 1863, l'article 155, modifié à cette époque, qualifiait de crime la connivence frauduleuse et la punissait bizarrement d'une peine réservée aux crimes politiques : le bannissement.

Le paragraphe 3 de ce même article dispose que « le coupable pourra, en outre, être privé des droits mentionnés en l'article 42 du Code pénal pendant cinq ans au moins et 10 ans au plus, à compter du jour où il aura subi sa peine ».

III. — Peines contre les logeurs ou aubergistes

Le délit des logeurs ou aubergistes est puni d'un emprisonnement de six jours au moins à trois mois au plus. Avant 1863, la peine prévue n'était que de six jours à un mois.

IV. — Peine commune a tous ces délits

L'article 164 contient une disposition commune à tous les faux, tant criminels que correctionnels, qui prononce contre les coupables une amende de 100 à 3.000 francs pouvant être portée, au-dessus de cette somme, « au quart du bénéfice illégitime que le faux aura procuré ou était destiné à procurer aux auteurs ».

Mais l'article 463 intervient et reconnaît au tribunal, qui reconnaît l'existence de circonstances atténuantes, la faculté de prononcer, à son gré, soit l'emprisonnement et l'amende, soit une seule de ces deux peines qu'il peut même abaisser jusqu'au minimum des peines de la simple police.

CHAPITRE V

Prescription - Tentative
Récidive et cumul d'infractions

SECTION I

La prescription.

Au point de vue de la prescription, il y a lieu de distinguer la fabrication et la falsification de l'usage.

1° *Fabrication ou falsification.* — S'il y a fabrication ou falsification sans usage, le délit est instantané et la prescription part du jour du délit, c'est-à-dire du jour de la fabrication ou de la falsification.

Ce point de départ sera très facile à déterminer au cas de faux intellectuel : ce sera le jour de la délivrance du passeport, mais au cas de faux matériel, le délinquant connaîtra seul le jour de la fraude et l'on devra, semble-t-il, s'en rapporter, à défaut d'autre preuve, à son aveu.

S'il y a plus de trois ans que, le plus généralement à la suite d'un faux intellectuel, le passeport a été délivré, mais si depuis il y a eu renouvellement de ce passeport avec supposition, il y a eu nouveau délit qui ne peut bénéficier de la prescription opposable à la poursuite de

*

la première fraude. La Cour de cassation en a ainsi décidé dans un arrêt récent[1] qui dit « qu'il importe peu que les passeports qui ont donné lieu aux poursuites aient reproduit les mentions qui figuraient déjà dans le passeport qui avait été délivré à Bouscarle en 1916; qu'en déclarant, comme il l'a fait, que Bouscarle avait en septembre 1920, septembre 1921 et septembre 1922, demandé et obtenu de l'administration préfectorale de la Seine-Inférieure des passeports qui ont contenu les mentions incriminées par la prévention, l'arrêt (de la Cour de Rouen) a, par là même, établi qu'il avait commis le délit prévu et puni par l'article 154 du Code pénal ».

2° *L'usage.* — Quant à l'usage du faux passeport, qui constitue un délit successif si l'on en croit tous les auteurs, comme il se compose de plusieurs faits, il ne peut être réputé commis qu'après l'accomplissement du dernier fait qui est un de ses éléments.

Or, un arrêt[2] a déclaré que, en matière de faux criminel, l'usage fait sciemment d'une pièce fausse ne s'arrête que par un acte positif de la part du coupable montrant qu'il ne veut plus se servir de cet acte. Il résulte de là que la prescription ne court qu'à compter de cet acte. Il a été jugé[3], de même que la prescription ne peut s'acquérir tant qu'il est possible aux auteurs du faux d'en faire personnellement usage.

Mais nous estimons que, du fait que les articles 153

1. Affaire Bouscarle précitée, p. 109.
2. Cass., 24 juin 1813; affaire Larsonneur.
3. Nîmes, 19 janvier 1819, affaire Desaignes.

et 154 visent l'usage seul et non le port de la pièce fausse, on ne doit pas attendre la manifestation de la volonté du délinquant de ne plus s'en servir (en déchirant la pièce par exemple), mais que la prescription doit courir du dernier jour où il en a été fait usage.

3° Au cas de concours des deux délits de fabrication ou de falsification et d'usage, il pourra arriver que :

1° Aucun des deux ne soit prescrit;

2° Que l'un soit prescrit et pas l'autre;

3° Que les deux soient prescrits.

Enfin, et cela ne fait aucun doute, c'est le délai de trois ans, commun à tous les délits, qui court.

SECTION II

La tentative.

La tentative des délits qui nous occupent eût été de plein droit punissable, sans leur correctionnalisation, à raison de l'article 2 du Code pénal. Mais, du fait de la qualification de délit, la tentative n'est punissable que si la loi l'a ordonné par une disposition formelle, puisque, aux termes de l'article 3 de ce même Code, « les tentatives de délits ne seront considérées comme délits que dans les cas déterminés par une disposition pénale de la loi ».

Or, cette disposition n'existe pas. Les rédacteurs de la loi de 1863, après avoir déclaré qu'il était dans leur intention « que, dans tous les cas où la modification de la peine apporte le déclassement d'un crime, une disposition spéciale assimilât la tentative au délit consommé », se sont rendus compte des difficultés que soulèverait la recherche de la tentative et ont renoncé à l'application de leur principe. Mais, pour montrer qu'il n'y a là, de leur part, ni un oubli, ni une inconséquence, ils ajoutent à la fin de leur exposé des motifs : « Nous avons dit qu'on s'était fait une règle d'incriminer les tentatives par une disposition spéciale, quand il y a correctionnalisation ou conversion de crime en délit. On s'est départi de cette règle pour les faux commis dans ce paragraphe, parce qu'on a vu de très grandes difficultés à caractériser la tentative. » Ces difficultés durent aussi frapper le législateur de 1810, car il s'est abstenu, en cet endroit, d'incriminer aucune tentative de délit.

Mais le véritable motif de cette abstention du législateur, c'est que la fabrication ou la falsification des divers titres dont il s'agit étant punie, indépendamment de l'usage du *titre fabriqué ou falsifié,* il eût été draconien de punir la tentative de fabrication ou de falsification ou la tentative d'usage[1].

1. Garraud, *op. cit.,* IV, p. 247, note 4.

Section III

La récidive.

La récidive est l'état de celui qui, ayant déjà été condamné à une peine par un jugement émanant d'un tribunal français et ayant acquis l'autorité de la chose jugée, commet une nouvelle infraction pour laquelle il encourt une peine nouvelle[1].

Pour qu'il y ait récidive de peine correctionnelle à peine correctionnelle, la loi du 28 mars 1891 exige quatre conditions :

Une peine d'emprisonnement comme premier terme;

Une rechute dans un délai de cinq ans;

Une peine d'emprisonnement comme second terme;

L'identité de délit.

Ce dernier point réclame quelques commentaires : Supposons une première condamnation pour la fabrication de faux passeport. Y aurait-il récidive, toutes les conditions étant réunies, si le second fait délictueux est un des autres délits prévus par les articles 153, 154 et 155?

La loi de 1891 veut un second délit identique au premier ou réputé identique. Pour la détermination des équivalences, l'on doit se référer aux conditions d'existence des délits à assimiler.

1. Vidal et Magnol, *op. cit.*, p. 408, n° 272.

Or, nous l'avons vu, tous les délits que nous avons étudiés existent aux mêmes conditions. Il n'y a donc lieu, au point de vue qui nous occupe, de faire de distinction entre eux. Il y aura récidive entre deux termes constitués indifféremment par fabrication, falsification, usage de faux passeport ou permis de chasse; délit de négligence ou de connivence de l'officier public dans la délivrance frauduleuse de ces pièces; et, enfin, délit des logeurs et des hôteliers.

SECTION IV

Cumul d'infractions.

Il y a cumul d'infractions lorsque le même individu a commis successivement plusieurs infractions sans avoir été, dans l'intervalle, condamné irrévocablement.

De toute évidence, le cumul d'infraction sera très fréquent dans la matière qui nous occupe, l'auteur du faux ayant pour but de se servir de la pièce qu'il a falsifiée. Dans ce cas, l'article 365, § 2, du Code I crim. jouera sans obstacle et « la peine la plus forte sera seule prononcée ».

Cependant, une difficulté peut se présenter : la *fabrication* d'un faux passeport ou d'un faux permis de chasse pourra comporter la falsification de timbres ou sceaux d'une autorité, délit prévu par l'article 142 du Code pénal et puni par cet article de deux à cinq ans de prison, peine plus forte que celle prévue par l'article 153, qui n'est que de six mois à trois ans.

Pourra-t-on établir une prévention spéciale pour le délit de l'article 142, et la peine qu'il édicte devra-t-elle être seule prononcée? Il nous semble que non : l'article 153, par le terme « *fabrication* », entend la création d'un titre nouveau dans toutes ses parties, tant dans le sceau que dans l'état civil. L'article 142 ne peut donc être appliqué, le délit qu'il prévoit étant embrassé par celui, plus large, établi par l'article 153.

CONCLUSION

De notre étude, nous dégagerons des critiques que nous grouperons sous deux chefs :

1° Quant aux pièces tombant sous le coup des articles 153 et 154, les articles n'ont désigné nommément que les passeports : en 1810, cette appellation n'était applicable qu'à un titre déterminé, pour la bonne raison que l'on n'en connaissait point d'autres. Mais, par la force des choses, elle doit s'étendre à tous les titres nouveaux qui ont supplanté le titre ancien tombé en désuétude. Nous ne comprenons pas les scrupules qui empêchent les tribunaux de reconnaître pour des passeports des pièces qui en remplissent exactement le rôle, qui en contiennent toutes les mentions demeurées utiles, et qui sont délivrées avec les mêmes précautions par les mêmes autorités.

Nous ne voyons donc aucune difficulté à l'application de ces articles, par la jurisprudence, à tous ces titres nouveaux.

Et si, pour forcer la main à la jurisprudence récalcitrante, une réforme législative était nécessaire, nous nous contenterions fort bien de l'addition des mots « *pièces d'identité* » à l'énumération des textes actuels.

2° Quant aux faits incriminés, comme nous l'avons

montré, la loi contient une lacune : tandis qu'elle incrimine le faux matériel sous *tous* ses aspects, en matière de faux intellectuel, elle ne retient que la supposition de nom. Or, les autres énonciations requises dans le passeport ou le permis de chasse, qu'il s'agisse des prénoms, de la date de naissance ou d'une qualité, sont d'une importance égale à celle du nom. Comme lui, elles permettent d'individualiser le titulaire de la pièce; comme lui, elles facilitent le contrôle des autorités. Comme la supposition de nom, l'inscription de toute mention erronée à la suite d'une fausse déclaration à l'officier public doit être punie. Il ne saurait, sur ce point, être question d'interprétation judiciaire du texte existant de l'article 154. Une réforme législative s'impose. La lacune existe, elle doit être comblée.

3° Nous proposerions donc la rédaction suivante des articles 153, 154 et 155, rédaction qui mettrait un terme à toute hésitation et à toute discussion :

« ART. 153. — Quiconque fabriquera un faux passeport, un faux permis de chasse ou une fausse pièce d'identité, ou falsifiera un passeport, un permis de chasse ou une pièce d'identité originairement véritable, ou fera usage d'un passeport, d'un permis de chasse ou d'une pièce d'identité fabriqué ou falsifié, sera puni d'un emprisonnement de six mois au moins et de trois ans au plus. »

« ART. 154. — Quiconque prendra, dans un passeport, un permis de chasse ou une pièce d'identité, un nom, prénom, âge ou une quelconque qualité supposé, ou aura concouru comme témoin à faire délivrer le passeport sous le nom, prénom, âge ou sous la qualité supposé, sera puni d'un emprisonnement de trois mois à un an. »

« ART. 155, § 2. — Si l'officier public, instruit de la supposition de nom, prénom, âge ou qualité quelconque, a néanmoins délivré ou fait délivrer le passeport ou la pièce d'identité sous le nom, prénom, âge ou sous la qualité supposé, il sera puni d'un emprisonnement d'une année au moins et de quatre ans au plus. »

VU : *Le Président de la thèse,*
J. MAGNOL.

VU : *Le Doyen,*
C. CEZAR-BRU.

VU ET PERMIS D'IMPRIMER :

Toulouse, le 15 mars 1930.

Le Recteur,
Président du Conseil de l'Université,
J. DRESCH.

BIBLIOGRAPHIE

BERLEMONT. — *Notre Législation Cynégétique.* Thèse, Paris, 1903.

BLANCHE. — *Etudes Pratiques sur le Code Pénal,* 2e édition, 1888, tome III.

BLANCHE. — *Dictionnaire Général d'Administration,* 1884-1891. V° Passeport.

BLOCH. — *Dictionnaire de l'Administration Française,* 4e édition, 1898. V° Passeport.

CHAUVEAU et HÉLIE. — *Théorie du Code Pénal,* 6e édition, 1887, tome II.

DALLOZ. — *Répertoire de Législation.* Vis Faux et Passeport.

DALLOZ. — *Supplément au Répertoire de Législation.* Vis Faux et Passeport.

DALLOZ. — *Répertoire Pratique de Législation.* Vis Faux et Passeport.

DUVERGIER. — *Collection Complète des Lois et Décrets.*

FUZIER-HERMAN. — *Répertoire Général du Droit Français.* Vis Faux et Passeport.

GALLICHER-LAVARINE. — *Le Droit de Chasse.* Thèse, Paris, 1901.

GARÇON. — *Le Code Pénal Annoté,* art. 153, 154, 155.

GARRAUD. — *Droit Pénal,* 3e édition, 1922, tome IV.

GOYET. — *Précis de Droit Pénal spécial.* Sirey, 1925.

LABORI. — *Répertoire Encyclopédique du Droit Français.* V° Faux.

LE POITTEVIN. — *Dictionnaire des Parquets.* V° Faux.

LOCRÉ. — *Législation de la France.*

MORIN. — *Répertoire Général de Droit Criminel.* V° Faux.

ROUGIER. — *De la falsification en matière de pièces d'identité.* (Journal des Parquets, 1906, p. 55 et suiv.)

SIGNOREL. — *Rapport sur la « Pratique de la Correctionnalisation » au 2e Congrès National de Droit Pénal.* Toulouse, 20-21 mai 1907.

VIDAL et MAGNOL. — *Cours de Droit Criminel et de Science Pénitentiaire,* 7e édition, 1928.

TABLE DES MATIÈRES

TITRE III

CHAPITRE PREMIER

CHAPITRE II

LA COMPLICITÉ ET DÉLITS CONNEXES

CHAPITRE III

CHAPITRE IV

PÉNALITÉS

CHAPITRE V

PRESCRIPTION. — TENTATIVE. — RÉCIDIVE ET CUMUL D'INFRACTIONS

Toulouse, IMP. RÉGIONALE, 59, rue Bayard.

www.ingramcontent.com/pod-product-compliance
Ingram Content Group UK Ltd.
Pitfield, Milton Keynes, MK11 3LW, UK
UKHW022026170726
13837UKWH00001B/426

9 782329 177717